南京稀见文献丛刊

南洋劝业会游记

（民国）商务印书馆编译所 编

点校 苏克勤

南京出版传媒集团
南京出版社

图书在版编目（CIP）数据

南洋劝业会游记 / 商务印书馆编译所编 . —— 南京：
南京出版社 , 2023.4
　（南京稀见文献丛刊）
　ISBN 978-7-5533-4154-5

Ⅰ.①南… Ⅱ.①商… Ⅲ.①博览会—史料—南京—
1910 Ⅳ.① G245

中国国家版本馆 CIP 数据核字（2023）第 064743 号

丛 书 名：南京稀见文献丛刊
书　　名：南洋劝业会游记
作　　者：（民国）商务印书馆编译所
出版发行：南京出版传媒集团
　　　　　南 京 出 版 社
　　社址：南京市太平门街 53 号　　　　邮编：210016
　　网址：http://www.njcbs.cn　　　　电子信箱：njcbs1988@163.com
　　联系电话：025-83283893、83283864（营销）　025-83112257（编务）

出 版 人：项晓宁
出 品 人：卢海鸣
责任编辑：程　瑶
装帧设计：王　俊
责任印制：杨福彬

排　　版：南京新华丰制版有限公司
印　　刷：南京工大印务有限公司
开　　本：890 毫米 ×1240 毫米　　1/32
印　　张：4.5
字　　数：80 千
版　　次：2023 年 4 月第 1 版
印　　次：2023 年 6 月第 2 次印刷
书　　号：ISBN 978-7-5533-4154-5
定　　价：30.00 元

用微信或京东
APP扫码购书

用淘宝APP
扫码购书

总　序

　　南京是我国著名的七大古都之一,又是国务院首批公布的 24 座历史文化名城之一。有将近 2500 年的建城史,约 450 年的建都史,号称"六朝古都""十朝都会"。南京的地方文献是中华历史文化资源的一个重要组成部分,是研究我国政治、经济、军事、文化和民风民俗的重要资料。为了贯彻落实党的十九大精神和习近平新时代中国特色社会主义思想,配合南京的经济发展与城市建设,深度挖掘历史文化资源,做好历史文献整理出版工作,不仅有利于传承、弘扬南京历史文化,提升南京品位,扩大南京影响力,也有利于推动物质文明、政治文明、精神文明、社会文明、生态文明协调发展。

　　长期以来,南京地方文献还没有系统地整理出版过,大量的南京珍贵文献散落在全国各地的图书馆和民间。许多珍贵的南京文献被束之高阁,无人问津,有的随着岁月的流逝而湮没无闻。广大读者想要查找阅读这些散见的地方文献,费时费力,十分不便。为开发和利用好这一祖先留给我们的文化瑰宝,充分发挥其资治、存史、教化、育人功能,南京出版传媒集团(南京出版社)与南京市地方志编纂委员会办公室组织了一批专家和相关人员,致力于搜集整理出版南京历史上稀有的、珍贵的经典文献,并把"南京稀见文献丛刊"精心打造成古都南京的文化品牌和特色名片。为此,我们在内容定位上是全方位、多视角地展示南京文化的深层内涵和丰富魅力;在读者定位上是广大知识分子、各级党政干部以及具有中等以上文化程度的人;在价值定位上,丛书兼顾学术研究、知识普及这两者的价值。这套丛书的版本力求是国内最早最好的版本,点校者力求是南京地方文化方面的专家学者,在装帧设计印刷上也力求高质量。

总之,我们力图通过这套丛书的出版,扩大稀见文献的流传范围,让更多的读者能够阅读到这些文献;增加稀见文献的存世数量,保存稀见文献;提升稀见文献的地位,突显稀见文献所具有的正史史料所没有的价值。

"南京稀见文献丛刊"编委会

导　读

　　《南洋劝业会游记》一书，由上海商务印书馆编译所编纂、印刷和发行，初刊行于清宣统二年（1910）七月。该书出版之时，正值中外游人穿梭于南洋劝业会的各大场馆之际。当许多人在游览期间，看到还留有浓浓墨香的这本新书时，都爱不释手地连声称好。这本书也因大受欢迎，于是年九月重印。

　　南洋劝业会是中国历史上首次举办的全国规模的博览盛会，也是一次准世界级的博览盛会。会址设于两江总督府所在地江宁府城（南京）的城北公园，前后历时近半年（6月5日至11月29日），共有十四个国家以及全国主要行省参加了展览。南洋劝业会规模之大，展品之丰，在当时的中国堪称之最，被誉为"我中国五千年未有之盛举"。当时的媒体也曾高度评价南洋劝业会是"全国之大钟表也，商人之大实业学校也，产品之大广告场也，输送本国货以向外国之轮船、铁道也"，并称"一日观会，胜于十年就学"。《申报》在评价南洋劝业会时更称其为"若日之东京大坂、美之圣路易、意之米廊，皆以地方为名，而实含内国与世界性质，本会虽名南洋劝业会，实与全国博览会无殊"。

《南洋劝业会游记》共一册，铅字黑白印刷，正文为竖式排版，二十四开。正文前面除署名"我一"的序言外，另有对南洋劝业会会场的布局、位置及其主要建筑直观展示的八幅配图；正文共分三卷。卷一、卷二为"场馆介绍"，卷三为"游览须知"，并附有广告宣传等内容。

《南洋劝业会游记》的主要内容是反映南洋劝业会各个场馆的规模大小、位置、建筑风格和陈列的展品及其展品特色，兼记南洋劝业会场内的其他重要设施等。主要作者是商务印书馆编译所的我一、冥飞和浮邱。

关于《南洋劝业会游记》的编纂者，该书版权页署"商务印书馆编译所"，但根据全部篇幅来看，其内容实由我一、冥飞和浮邱三人合撰而成。有研究者称，"我一"最初是商务印书馆编译所同人共用的一个公号，孟森、庄俞等人撰文时都曾使用过这个公号署名。但是，具体针对《南洋劝业会游记》一书，笔者认为"我一"的真实姓名应该是庄俞。庄俞长期使用"我一"之名写诗撰文，在1935年出版的《我一游记》一书的"弁言"中他曾写道："我一，我之别字也……民国二十四年十二月十二日庄俞识。"署名为"冥飞"者，疑似是张恚或陆费逵。但遗憾的是，另一作者"浮邱"，目前则未查到斯人为谁。

为了更清楚地解读《南洋劝业会游记》一书，下面先将几位相关的作者介绍如下。

孟森（1869—1938），字莼孙，笔名心史、我一，号阳湖孑遗，世称孟心史先生，江苏武进人，是被公认的中国清史学科的奠基人。他的著作代表了近代清史学科第一代的最高水平，是近代清史研究发展的一块重要里程碑。孟森是秀才出身，后因屡试不中即以授徒为业。他秉性耿直，负才不羁，时人以"清狂"之名目之。曾任江苏教育总会附设的法政讲习所主讲、江苏咨议局书记长、《东方杂志》主编。

庄俞（1876—1938），中国近代出版家、教育家。又名亦望，字百俞，又字我一，别号梦枚楼主，江苏武进人。庄俞早年与友人合创体育会、演说会、天足会、私塾改良会、藏书阅报社等，积极投身社会教育活动。1903年12月经武进同乡蒋维乔引荐入商务印书馆编译所任职，先后参与并编写了《最新教科书》《简明教科书》《共和国新教科书》《单级教科书》《实用教科书》《新法教科书》《新学制教科书》等多种课本。1913年，庄俞与黄炎培等人提倡实用主义教育并发表《采用实用主义》等文，在教育界引起了较大反响。有《我一游记》《应用联语杂编》等著述传世。

关于冥飞，据寻霖、龚笃清编著的《湘人著述表》中云："张焘（1894—？），字季鸿，号冥飞，湘乡人。一说长沙籍。入南社。曾任南方大学教授。善戏曲，精医术。《历代儒医像志》《剑客传》《江湖奇侠传》《荒山奇侠》《小剑侠正续集》《孝女报恩记》《元宵迷》《云鹭娘》《黛玉葬花》。"该书对冥飞生年记录有误,冥飞实生于1881年。另据记载,张冥飞素有名士之风,处世落拓不羁,为文质朴实用,他不但是近代著名小说家,且擅诗精医,曾供职于商务印书馆、南方大学和新文化共进社。

陆费逵(1886—1941),复姓陆费,单名逵,字伯鸿,号少沧,幼名沧生,笔名有飞、冥飞、白等,祖籍浙江桐乡,生于陕西汉中。中国近代著名教育家、出版家和中华书局创办人。陆费逵的笔名亦有冥飞,且他于1908年秋入商务印书馆任国文部编辑,翌年春升出版部部长兼《教育杂志》主编暨讲义部主任。所以,笔者倾向陆费逵就是《南洋劝业会游记》中的"冥飞"。

南洋劝业会在江宁(南京)举办期间,全国各地媒体记者云集会场,时在商务印书馆编译所任职的庄俞自是不甘落后,除积极参与南洋劝业会之多项事务外,对南洋劝业会之宣传报道也是不遗余力。多次率冥飞、浮邱等赴会场实地采访,所作之文多发表于孟森主编的《东方杂志》,《南洋劝业会游记》即其成果之一。由于《南洋劝业会游记》内容丰富,信息较多,篇幅较大,且因《东方杂志》隶属于商务印书馆,遂改由商务印书馆编译所负责独立成书付梓发行。在《南洋劝业会游记》一书中,"场馆介绍"是内容的中心和重中之重,这部分内容主要是对南洋劝业会各个场馆中陈列出品的解读和诠释;而"游览须知"则是对游览南洋劝业会所提供的服务介绍。

在此,谨对作为全书主体的"场馆介绍"重点解读。这一部分,主要是对南洋劝业会会场中各个展馆的展品,尤其是对比较有名或突出的出品的名称、产地、外在形状、质地、性质性能及优点等,做详细的说明与介绍。尤难能可贵的是,其中对于近代名人如高奇峰、沈寿、余冰臣、吕澂(吕凤子)、汪孔祁(汪采白)等及其作品,也有介绍。

卷一分别介绍了包括教育馆、工艺馆、农业馆、美术馆、卫生馆(附医药馆)、武备馆、机械馆、通运馆、水族馆在内的九个专业馆;卷二分别介绍了包括京畿馆、直隶馆、山东馆、山陕馆、河南馆、安徽馆、江西馆、浙江馆、湖北馆、湖南馆、四川馆、福建馆、广东馆、广东教育出品陈列所、云贵馆、东三省馆、暨南馆、兰锜馆(江南制造局出品陈列所)、第一参考馆、第二参考馆在内的二十个分省馆。

南洋劝业会共设三十四个场馆,除国内的九个专业馆和二十个分省馆(含参考馆及暨南馆)外,各省还设有地区特色馆,如江宁(南京)的缎业馆、湖南的瓷业馆和博山的瓷业馆等三个实业馆,又如江浙渔业公司之水产馆等别馆。需要特别说明的是,美、德、英、日及南洋地区等十四个国家也都开设展馆并展出了许多琳琅满目的出品。其中,美、德合设的展馆为第一参考馆,英、日合设的展馆为第二参考馆,南洋地区诸国华侨合设的展馆则为暨南馆。

　　南洋劝业会是清政府灭亡前一年的宏大创举，该会展品达百万件之多，有力地推动了我国近代文明的发展。2010年，为迎接上海世博会的召开和南洋劝业会百年纪念，笔者与南京大学和南京师范大学的校友受南京市和鼓楼区政府的委托，曾整理出《中国首届博览会——南洋劝业会百年回望》和《南洋劝业会》，分别由上海交通大学出版社和南京大学出版社出版，并在上海世博园举行了首发和研讨，其中内容也涉及有对《南洋劝业会游记》一书的表述与介绍。

　　南京出版社将《南洋劝业会游记》一书重刊付梓，此举对于挖掘南京本土历史文化资源和展示我国早期博览会特别是南洋劝业会的珍贵史料，既是一个前瞻性的尝试，又是一次富有意义的开拓，而对历史文化爱好者和南京乡土文化的研究者和爱好者来说，也将是一份不可多得的美味佳肴。相信本书的出版必将大受欢迎！

苏克勤

附遊覽須知

南洋勸業會遊記

上海商務印書館發行

《南洋劝业会游记》1910年版书影

教育館（我一）

館在會場正門之東入內數步即為入口建築如工字館內共分小學、女學、中學、師範、實業、高等圖書及儀器六大部均以玻璃櫥曲折陳列而實業高等部之口師範部之末為上海

郵傳部高等實業學堂及唐山路礦學堂陳列之所占屋一間入口第一為小學部陳列手工成績如摺紙組紙翦紙豆細工咸備稍進為圖畫習字標本

之屬、而各學堂之時間表教科書附焉茲將成績之特色略列如左

手工 育嬰幼稚園翦紙修身圖（松江）勉強學堂圖畫手工類為人物（金匱）泛觀

之似無足奇實則於小學生之道德智識均有關係 法古學堂豆細工校舍模型（常

州）集益公學豆細工運動場模型（滁州）用玻璃匣裝置桌上規模宏大構製完全

豆細工之能事止於此矣 北區小學木製盤匣（泰興）義育時中（震澤）育志三才（太倉）崇

溪小學帽架（青浦）高等小學鐵絲器（安徽）培本學堂學籠（常

州）竹刻筒架雖未精工俏合小學程度且切於實用 官立小學教員齊崇浩黏土古

廟及野景模型（蕪湖）彩色有致凹凸得宜第一模範小學翦紙歷代疆域地圖（江

寧）史邦韓摺紙花鳥畫（安徽）精緻可觀

教育館

序　例

　　六月十日，偕浮邱、冥飞赴宁参观南洋劝业会，计时距开会已一月有余。会场建筑，及各馆陈列，大致具备。七月一日，为第二次参观，则续开京畿、山东、福建三馆。除水族馆陈列未竣，仍未游览外，凡会场自建之馆八九所，各省别馆十余所，专门实业及特别建筑之馆五六所，莫不游览及之。见夫崇楼广厦，棋布星罗；方塔圆池，云开雨注，其建筑之宏，有如是焉。天产敷陈，精美繁博；人工制造，典丽乔皇，其出品之富有如是焉。轻便铁道，绕场一周；人力之车，张盖之舆，又随地可顾，其交通之便，有如是焉。电灯万千，城开不夜；马戏之场，动物之园，亦怪特可观，其游戏之多，有如是焉。然而游踪零落，会场寂寥，据个中人言，自开会迄今，到会参观者每日平均仅得三四百人。以繁盛之都会，舟车之便捷，尚不足以鼓动四方之士联袂偕来，岂会场之成绩犹未尽善欤！则以区区数十万之资财，创办我国数千年未有之盛举，虽不能颉颃西国，步武东瀛，抑亦难能可贵矣。揆其所以不能发达之由，一则我国人好静不好动，素少游览之兴趣；一则年来生计日艰，近者游资至少数元，以至十数元，远者且倍之，或三四倍之，急于家室之计者，鲜不闻风而裹足；一则会场附近之饮食居住，莫不昂贵，同是物也，陡倍其价，宝贵金钱，谁不吝惜？至天气炎暑，尤关系之小者也。虽然，人之智识，以闻见多寡为进退，闻见多则进步速，闻见少则进步滞。此次劝业会，虽冠以南洋，实则与内国博览会相似，全国出品惟藩部未备，其他各地，亦可见一斑矣。故人无男女老幼士农工商，苟能破数日之时间，游览其间，其智识增进，当不可胜算，则其机缘岂可失哉！今者秋风送爽，益便旅行，吾知各省士人，必将相率而集于金陵，不佞爱与浮邱、冥飞各出游览时记载之稿，汇而刊之，以为游览诸君之指导，疏误纰缪，尚乞后之游览者有以匡正之。庚戌七月五日我一记。

例　言

　　本书专载会场状况及各馆内容,足为游览诸君之指导。

　　本书首附南京简明地图、南洋劝业会场图,俾游览时可以按图索骥,无枉道之虞。

　　本书首插关于会场之三色版铜版照片数幅,用以鼓助游览之兴趣。

　　本书为便利游览诸君起见,特附游览须知一卷,备载抵宁后食宿、卫生、交通各事,而南京名胜记录尤详。

　　本书为游览时随时记录之作,故于每篇题目之下注明记者别字,以从其实,惟少数人之闻见,挂漏必多,阅者谅之。

　　本书记录在七月初五以前,嗣后如有增加或更变之处,容再订正。

南洋勸業會場圖

商務印書館印行

圖例

池塘　河道　橋梁　路線　竹圍　鐵路　粗淺鐵道

北　東　西　南

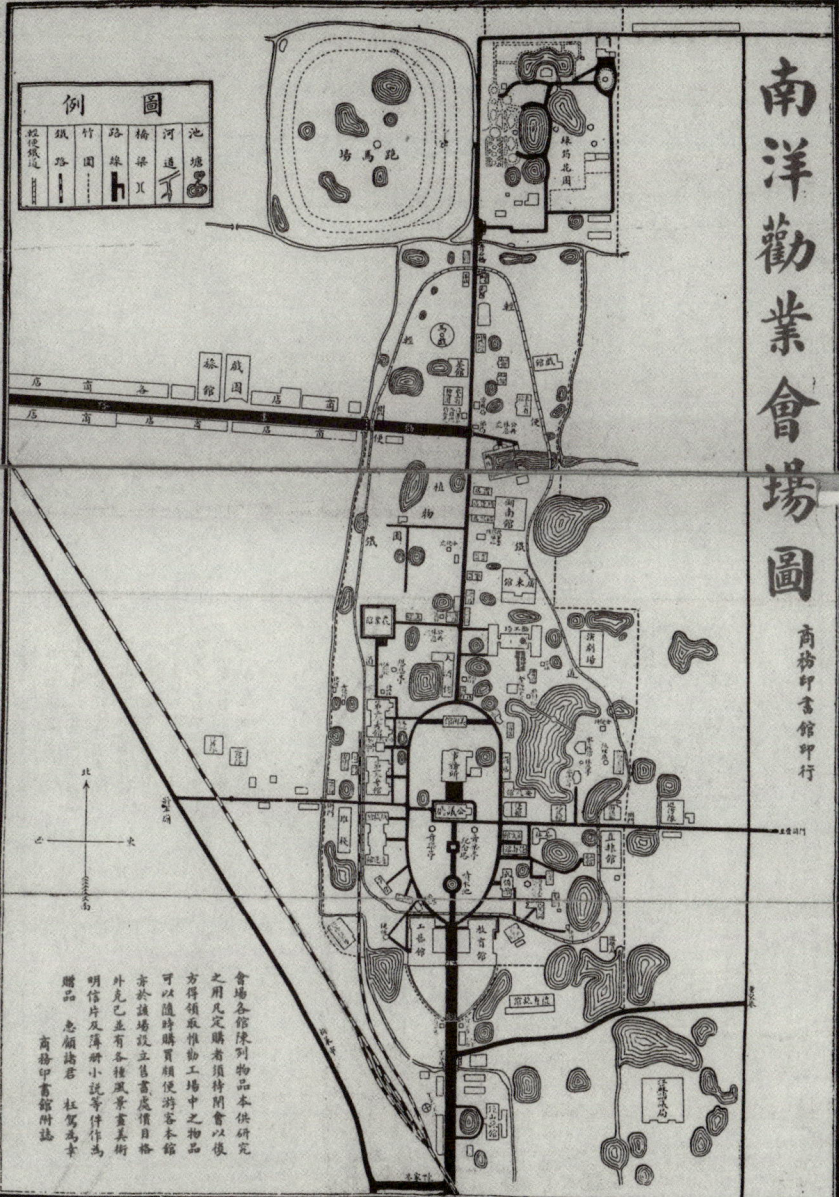

會場各館陳列物品本供研究
之用凡定購者須待閉會以後
方得領取惟物工場中之物品
可以隨時購買顧便將各本館
齊於韻場設立各畫店價目格
外克己並有各種風景美術
明信片及薄冊小說等件作為
贈品　惠顧諸君
商務印書館附誌

南京簡明地圖

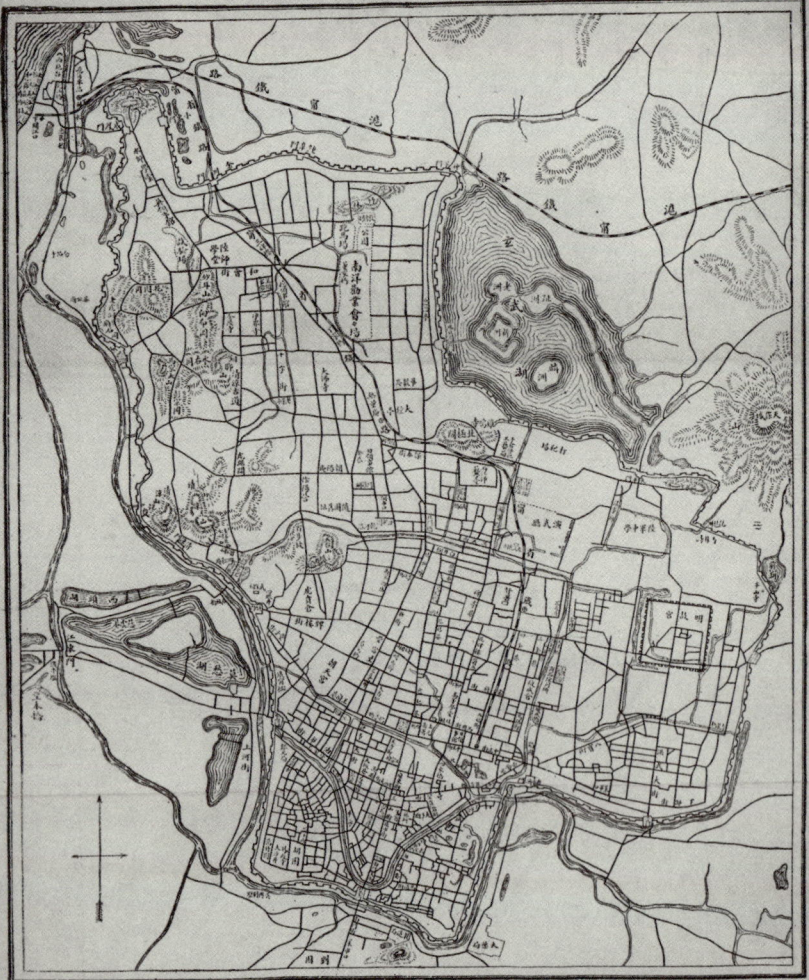

上海商務印書館印行

南洋勸業會

開會紀念

南洋勸業會正門牌樓夜景　　　南洋勸業會正門牌樓

Pai-lou, (Archway) Exhibition Ground, Nanking, China (Illuminated.)

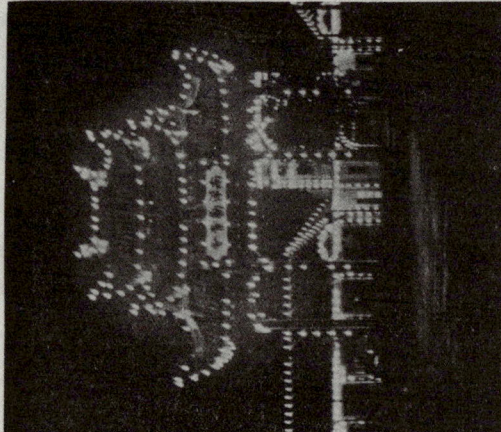

Pai-lou, (Archway) Exhibition Ground, Nanking, China.

Fountain, Exhibition Ground, Nanking, China.
池水噴及面正會業勤洋南

景夜面正會業勤洋南
Exhibition Ground, Nanking, Illuminated.

南洋勸業會勸業路業勸會側門

目　录

卷一 ·· 1

　教育馆 ·· 1

　农业馆 ·· 10

　美术馆 ·· 15

　卫生馆 ·· 17

　武备馆 ·· 17

　机械馆 ·· 19

　通运馆 ·· 19

　水族馆 ·· 20

卷二 ·· 21

　京畿馆 ·· 21

　直隶馆 ·· 24

　山东馆 ·· 25

　山陕馆 ·· 27

　河南馆 ·· 27

　安徽馆 ·· 28

　江西馆 ·· 29

浙江馆 ·················· 30

湖北馆 ·················· 31

湖南馆 ·················· 34

四川馆 ·················· 35

福建馆 ·················· 37

广东馆 ·················· 39

广东教育出品陈列所 ·················· 40

云贵馆 ·················· 41

东三省馆 ·················· 42

暨南馆 ·················· 43

兰锜馆(亦名江南制造局出品陈列所) ·················· 44

参考馆 ·················· 45

卷三 ·················· 48

游览须知 ·················· 48

卷一

教育馆

我一

馆在会场正门之东，入内数步，即为入口，建筑如"工"字。馆内共分小学、女学、中学、师范、实业高等、图书及彝器六大部，均以玻璃橱曲折陈列；而实业高等部之口、师范部之末，为上海邮传部高等实业学堂及唐山路矿学堂陈列之所，占屋一间。

入口第一为小学部，陈列手工成绩，如折纸、组纸、剪纸、豆细工咸备，稍进为图画、习字、标本之属，而各学堂之时间表、教科书附焉。兹将成绩之特色略列如左[①]。

手工　育婴幼稚园、剪纸、修身图（松江），勉强学堂图画、手工类为人物（金匮），泛观之似无足奇，实则于小学生之道德智识，均有关系。法古学堂豆细工校舍模型（常州），集益公学豆细工运动场模型（滁州），用玻璃匣装置桌上，规模宏大，构制完全，豆细工之能事，止于此矣。北区小学木制盘匣（安徽），培本学堂字篓（太仓），崇溪小学帽架（青浦），高等小学铁丝器（泰兴），义育时中（震泽）、育志三才（常州）

---

① 本书底本为繁体竖排，故用"左""右"表示，全书同。

竹刻简架,虽未精工,尚合小学程度,且切于实用。官立小学教员齐宗浩黏土古庙及野景模型(芜湖),彩色有致,凹凸得宜。第一模范小学剪纸、历代疆域地图(江宁),史邦韩折纸、花鸟画(安徽),精致可观。

习字　同川学堂金芳雄(吴江)、高氏小学许诏芳(通州)、冠英学堂唐松元(常州),大字匾联均奕奕①动目,至小字之置于玻璃架内者,尤美不胜收。

图画　冠英学堂(常州)、官立小学(青浦)铅笔画,冠英学堂炭画(常州),果育、东林地图(金匮),同文学校花鸟画屏(直隶),均为小学部图画之特色。

标本　东林(金匮)、辅延(江阴)虫鱼标本,东林(金匮)植物标本,东林竢实(金匮)剥制标本,东林结晶模型,构制均极合度。

其他制作之物,如无锡惠北学堂木制地图,华娄小学天然墨,无锡惠北、嘉定培本两学堂教育木枪,皆为教育必需之品。

小学部之后,为女学部,陈列习字、图画、刺绣、抽丝、线结、绒结、缝纫、造花、制果之属,五光十色,炫耀双眸,略举特色如左。

标本　上海民立女中学动物标本,在今日女学校中,尚罕有注重于此者。

图画　祝群女学(上海)、济阳女学(无锡)铅笔画,民立女中学、竞化师范学校(上海)水彩画,聚秀女学、民立女中学

---

① 原文作"弈弈",下同。

（上海）油画，粹化女学（常州）通草画、织锦画，各种斗方、屏条，莫不奕奕有神。

缝纫　尚志女学（崇明）体操衣袴、皮靴，半园女学（常州）、城南女学（南汇）衣服、鞋帽，均为女子应具之技能，教授及此者，殊不多见。

纺织　工业学堂绸布（安徽），实为普通要品，女子尤宜注重之。

蚕丝　馆中陈列此种成绩，未能多见，惟上海女子蚕业学校之丝茧，博硕光洁，亦有关女子生计之教育也。

刺绣　粹化女学、争存女学（常州），松筠女学（松江）等处，均有刺绣花鸟屏联，尤以无锡女子织业学堂之成绩为最优。

其他如造花、制果、编织之物，大抵皆备；而金匮振秀女学线结之黄婆墩、楼台栏榭、草木人物，无不具全，一僧人坐于内，神致宛然，其技亦可谓工妙矣。

今日大小各学校所用表簿，大抵不甚完备，而教案尤属缺如，以各教员每日任课数小时，又须兼任管理之事，宜其无暇及此，然颇有每星期任课仅十余小时，而亦不为教案者，则又何说？今见馆中陈列常州半园女学全份教案，钦赏之余，不禁感慨言之。

女学部之后，为中学部，陈列教科书、表册、手工图画、标本之属。全部之物，以常州府中学堂为最多，几占全部之半，略举特色如左。

图画　常州府中学堂漆画、油画、水彩画、炭画、通草画，无一不佳；上海民立中学地图、江宁暨南学堂铅笔画，亦甚优美。

标本　暨南学堂、常州府中学堂剥制标本、动物植物标本,既美且多,尤为难得;常州府中学堂、京口八旗中学化学药品,均为教育要物,使吾国皆能自行制造,获益岂可胜言!

手工　两江师范附属中学木工雕刻及石膏人物,宁国府中学黏土动物及木工器具技术,均有可观。

工艺　太仓艺徒学堂体操器械,匀净无疵。如皋工业学堂写字台、大橱①、桌椅,上海孤儿院之籐椅榻,松江集益工艺学堂写字台、折叠床及各种桌椅,嘉定培本艺徒学堂籐器、凉鞋,均就吾国固有之产,精意改良,其关系于工业前途者甚大。

中学部之后,为师范部,陈列之品,不及中学部之多,如教科书、图画、标本之外,有多种器械,略举特色如左。

图画　江宁两江师范水彩画,苏州师范铅笔画,武进屠方、丹阳吕濬、古歙汪孔祁等油画,莫不各具特长。

标本器械　两江师范学堂、暨南学堂合制鳄鱼标本,两江师范学堂、宁属师范学堂动植物标本均佳。宁属师范学堂物理器械、手工器械,色色合度。

手工　两江师范学堂木工及漆工,颇为优美。

其他如桌上所置化石三方,容器用洋铁四方盆,中注以水,面盖以玻璃片,为两江师范学生采自北固山者,可供地理学家之研究。

中学部之末,有屋一间,为邮传部上海高等实业学堂及唐

---

① 原文作"厨"。

山路矿学堂陈列之所，出品虽不甚多，而各种机械、图画，实为特色实业学堂之电动机及试验热力量表，尤为不可多得之作。

中学部之后，为实业高等部，观乎此部，可以验吾国物质上进步之现状。陈列之品，以标本模型为繁，实有笔不胜述之概，略举特色如左。

苏州农业中学堂，植物标本及农具模型。

松江集益工艺学堂，纺织品及皮件。

江南实业学堂，动植矿标本及各种机械图。

江西陶业学堂，瓷器及铸坯制模各种模型。

江南高等学堂，提司末氏双摆器、电动器、滑车及各种制作。

实业高等部之后，为图书及彝器部，图书则上海各书坊及江南官书局均有陈列；彝器惟上海科学彝器馆一家，出类拔萃，未有与之比肩者。

图书标本　江南江苏官书局，均系大版书籍，次为国学保存会，而文明书局、图书公司，亦略有陈列之品。要以商务印书馆陈列者为独多，并在此广赠书目提要。除教科书外，如《大清会典》四百九十四本、《法规大全》八十本，卷帙最巨。集成图书公司陈列巨册，有《古今图书集成》一千二百二十八本、《二十四史》四百本、《东华录》《九通全书》诸书，装潢亦甚美丽。科学彝器馆之标本，有重要海产介类标本，特选介类标本，蚕体解剖模型，苎蛾发生标本，车蝗解体标本，昆虫拟态标本，益虫标本，害虫标本，救荒牧草、油蜡、有毒各种植物标本，保护鸟标本等，莫不制作精工，详列学名；次为苏州教育出品研究会及植物研究会之植物标本,亦具有特长者也。

彝器 科学彝器馆陈列者,计物理器械五十余种。力学类有阿脱乌特试器水压柜、双筒抽气机等,声学类有乐音震动指数器、柯能浪动跃焰器等,光学类有奴林伯分极器、液体折光试器等,热学类有里起吸热射热试器、脱雪里造冰器等,磁电类有威衰磁力器、正切电表、无极电表、电桥感应发电机等。博物学器械,其关于生理者,有全体骨骼各种模型,他如大风琴、体操器,皆精美适用,见者无不叹赏。商务印书馆之印刷品,有纸模、铅模、电镀铜版、三色叠印版、石印版、锌版、凹纹铜版、凸纹钢版等,精致绝伦,于此亦可验我国印刷术近日进步之现状。外如无锡蒋留春之日晷、中国图书公司之彩色石版数方,亦精品也。

工艺馆

浮邱

馆在会场正门之西,建筑略如"工"字。中厅陈列模型实物,前后两厅,均以玻璃橱曲折排列,以成通路。馆内共分七部,曰:染织工业部、采矿冶金部、陶器部、土木建筑部、染织工业第二部、制作工业部、化学工业部。兹将各部所陈特色之物,以次列左。

染织工业部

库缎、漳缎、漳绒(江宁)。

仿造泰西八音纱、仿造西洋花缎(苏州),均颇似西制。

贡绢、孟河绉(常州)。

制造绢丝公司各种丝茧原料、栖流所工艺厂各种胶布（松江上海），花纹颜色均佳。

采矿冶金部

郑国瀛所采煤、铜、铁、铅等矿物六十余种，直接出品，产地未详。

石乳（宁国）。

云雾石（池州）。

天然石罐（扬州）。

五彩大理石（徐州）。

翡翠三件，直径皆尺余（上海）。

水晶、紫晶、碧晶、茶晶（海州）。

陶器部

陶器一部，所陈列者，皆常州府属宜兴县陶业公司出品。各种紫泥窑器，罗列颇富，花样极多，颜色古雅，盖紫泥窑素著名于天下，今又改良其式样、花纹，故益足动目。又有自制之紫泥石板，每块售洋一角；紫泥石笔，每枝售洋二分，均为教育界适用之品。

土木建筑部

西式房屋模型，高广约有三尺（太仓王松云制）。

铁路学堂模型（苏州）。

务本女塾模型（松江上海）。

江河堤防新法模型（如皋朱祖荣）。

单级小学校舍模型，附说明书。房屋纯用华式建筑，法甚简省，穷乡僻壤，易于仿建，洵教育普及之助也（江苏教育总会）。

染织工业第二部

各种夏布（江西）。

各种改良夏布（太仓），花样甚多，颇为动目。

柳条布、线布、斜纹布（如皋工业学堂、江阴华澄公司）。

电光布（无锡亨吉利）。

灰布，各种竹布色布（常州武进），骤视之，花纹如漳绒，极似西制。

各种绸、布、纱标本（常州晋裕纺织公司），花样颇新。

花竹漆器，分列于染织工业第一部、第二部（江西抚州）。

此部之末，即为中厅，陈列开平矿山各种煤砖，汉冶萍煤铁矿山模型，湖南、江西瓷器，日辉织呢厂之呢。略述如下。

煤块、煤屑、焦炭、火砖、瓦筒（开平矿务有限公司）。

煤、铁标本，萍乡矿山模型（汉冶萍煤铁公司），煌煌巨观，令人如身入其境。

各种呢（日辉华呢厂）。

各种瓷器（江西景德镇及湖南瓷业公司）。江西之瓷，质料颇佳；湖南之瓷，人工尤精，皆吾国瓷业之特色也。

各种皮件（巩华公司），与外洋来者仿佛。

各种玻璃器具（宿迁耀徐公司），与外洋来者仿佛。

大自鸣钟两座（上海美华利），一面为屏风，一面为钟，精伟可爱。

制作工业部

各种白铜芸香炉、各种细刻瓷器（扬州）。

仿造西式橱、柜、几、椅（太平艺新公司），颇佳。

胡开文各种墨（徽州）。

梳篦（常州）。

又有蜡制西洋女人三，惟妙惟肖，其服装以我国玉兰香芸等纱制成，意在表彰我国之纱，亦合西衣之用，用意甚佳，惜未有说明书，亦不标明何店出品。骤视之，几令人不解其故也。

化学工业部

自造白粉笔（徐州教育品制造所）（江宁教育馆）（江夏刘德树）。

自造洋烛、肥皂（松江）（常州）（江宁）（芜湖）。

制帽有限公司草帽（上海）。

茅益文竹丝凉帽（通海），颇精工。

学界所用真笔版油墨，大抵购自日本，每年消耗之费，合全国计之，不在少数。广东、江西各馆，均有此品陈列，是亦挽回利权之一端。吴江费公直近曾发明一种无油印墨，特以化学之理，研究煎合方法，以他种质素代油，毫无黏性，先制标本十余种，陈列馆中，苟能集资制造，廉价销售，教育界胥受其益矣。此外尚有各种教育应用品，特将其名列左。

不坏糊、苏木墨水、改良墨水、简易美术印刷器、西洋印色水、胶版用墨水、不灭墨水、摄影用减薄药水、耐久定影药水、摄影用加厚药水、混合镀金兼定影药水、无金镀金药水、万能现象药水、催花早开及茂盛药水、盆栽肥料。

农业馆

浮邱

建筑为方形，四角有亭，四面有门，外为洋式，内部构造为华式，非楼房。

馆内共分八部，曰：农业部、蚕桑部、茶业部、园艺部、林业部、水产部、饮食部、狩猎部，末为实物模型。

农业部（其额以绿豆为地、白米缀成"农业部"三字）

豆麦米、药材、菰、果、棉（江宁）。

药材、谷、菜油、豆油、人造肥料、白棉、紫棉、红豆、黄白蜡、制纸原料。

厂纱（常州）。

粟、小粉、稷、米麦、棉麻、药材、烟叶、棉子花标本二匣，附说明书甚详。

各种农具模型、制棉器模型、大生厂机纱顺序标本十种。

如皋农会改良诱蛾灯模型、改良猪圈模型、改良鸡舍模型、捕害虫网模型，皆附说明书，述其用法，而尤以改良猪圈，用清洁养猪法，关系卫生甚巨，倘能推行于全国，裨益岂浅鲜哉（通海）！

药材、棉花、谷类、油蜜、黄蜡，上海同昌机器榨油公司之棉仁饼，可以为肥料、饲畜之用；棉核壳灰可以代碱，油渣饼可为肥皂原料，皆废物利用者。

酒精浸双头羊标本，状甚奇（松江）。

中等实业学堂农具模型、农作物病害图十幅（安庆）。

麻、蒲（淮安）。

黍、棉（颍州）。

鹅绒、豆类各种标本（太仓）。

谷类、果类（徐州）。

稻及药材各种标本（苏州）。

兰桂皮丝、各种水旱烟（扬州）。

果实标本二十八种（滁州）。

益新公司机器豆米麻（太平）。

各种植物标本，害虫、益虫标本（上海科学仪器馆）。

蚕桑部（其额以白丝为地、黄丝缀成"蚕桑部"三字）

各种茧、蚕子、黄白丝（海门）。

改良蚕种标本（镇江）。

锡金茧业公所改良蚕桑图及说明书共二十八幅、各种蚕桑器具模型、各色茧种（常州）。

五虎、三星、星龙、宝星、泉龙各种机器缫丝（松江）。

黄丝虎、白丝马，用黄、白丝制成，状颇生动；各种丝、茧、蚕种、蚕蚁、蛹成虫标本（苏州）。

蚕虫模型（上海科学彝器馆）。

茶业部（其额以红茶为地、绿茶缀成"茶业部"三字）

制茶器具模型，天都毛峰、红茶、绿茶、祁山红袍（徽州）。

菊花井茶、雀舌、梅片（六安）。

罗汉茶（广信）。

云雾茶（池州）。

砖茶（九江）。

红梅、明前、雨前、毛尖（常州、宜兴）。

植茶公所植茶标本（江宁）。

园艺部（其额用白瓜子为地、黑瓜子缀成"园艺部"三字）

果蔬种子（海门）。

瓜、果蔬、花、各样种子（苏州）。

园艺各种子标本（通州）。

各种果子制成大字五方（常州）。

瓜果种子制成横额（太仓）。

茏菜子、刀豆子（江宁）。

榧子、板栗、青树果（宁国）。

林业部（其额以木柿为地、木屑缀成"林业部"三字）

杜仲、冻绿皮（青阳）。

橡壳、橡实（池州）。

木材标本（如皋）。

棕（崇明）。

木材纵剖标本及横断标本（松江）。

银条炭（宁国）。

罗汉竹、方竹、柏油（徽州）。

木菌，径长尺余（海州）。

林材标本，嵌成屏风（太仓）。

水产部（其额以海带为地、蚌蛛缀成"水产部"三字）

渔业照相标本十二种、彩绘渔具标本（池州）。

制盐器具模型三十八种，精制之盐，洁白与西制无异。

玉虎头鲨鱼皮长八九尺。

鱼鳔(通州)。

鱼类标本二十五种(江西高等学堂)。

海产标本、马交子、海螺蛸、魁蛤、牡蛎(海州)。

制晒盐,洁白而细,颇似西品(淮安赵鸿杰)。

琴鱼(宁国)。

石蟹、鲈鱼、青虾、风板鱼、鲻鱼、梭子蟹、浴时鱼、蜈蚣蟹,大鲨鱼皮长丈余,鮸鱼肚、白鲅胶 (崇明)。

仿造洋盐(江西习艺所)。

金钱鳖(广德州)。

介壳类标本(上海科学彝器馆)。

饮食部

无灰甜酒(滁州)。

大椒酱、香椿牙、酱杏仁、蜜花红、束面(颍州)。

大䊮酒、淮酒、枣酒、元红酒、虎油酒、粉丝、豆腐棍(凤阳)。

石耳、蜜枣、葛精、青螺、孤岭茶笋(徽州)。

挂面(泗州)。

醉蛋、露酒、滴醋(扬州)。

改良酒、荷兰水(江宁)。

紫葡萄酒、白玫瑰酒、金波酒(海门)。

复新厂面粉、切面(通海)。

鱼鹰蛋(如皋农会)。

马鬐鱼、火眼鱼(庐州)。

各种果汁、堆花糟烧、糟油(松江)。

栗粉、葛粉、蕨粉、绿豆粉、酒曲、麦鱼（池州）。

紫阳观各种酒露及糟醉品、泰丰公司罐头食物（松江）。

茂新公司兵船牌面粉，茂兴面厂贡面，黑酒、百花酒、盐、桂花、各种蜜饯、惠泉酒（常州）。

国公酒、醇酒（镇江）。

陈窖虾油、酒醉糖螺、秫火酒、麦火酒（淮安）。

克利沙酒、溪酒（太平）。

碧绿酒（南昌）。

海丰、阜丰两公司面粉（通海）。

狩猎部（其额以白羊皮为地、黑羊皮为字）

香猫、水猪獾、水目狐、狸皮、田鼠（苏州）。

大鹿角、穿山甲皮、鹿胎（徽州）。

鹿茸（建德）。

鹭鸶尾、野鸭绒（海门）。

此部之末，所陈列者，悉为实物模型，略述如下。

新式施肥器、薅草器、种麦器、种豆器，皆用实物，而以石膏制成农人工作之状，惟妙惟肖。资生铁厂摇丝车模型、海船模型（通海）。

江南蚕桑中学堂改良缫丝车模型、何氏新法育蚕室模型、陈氏新式耕田机器及水车模型。

风车模型（江宁）。

无锡茧业公所茧灶模型、蚕种储藏箱、蚕柏模型，薛氏灌水龙尾车、张氏切糕器、豆腐店模型，豆腐机械模型、农业场模型（常州）。

美利利切桑叶机（松江）。

蚕业讲习所改良蚕室及蚕具模型并说明书、农会九谷塔、棉制黄婆像（如皋）。

巴氏自行磨、巴氏挽行磨（颍州）。

水碓模型（徽州）。

此外尚有郑元诚君新发明之播种机，其形如人力车，一为刺轴，装类刺二十四只；一为种子箱；一为灰肥箱，每箱二十四孔，可自由启闭，均八角式，长一英尺半，对径一英尺，三轴之旁，均装齿轮，牵以活节链子，四面用铁条为框。灰肥箱后配置覆土犁两片。此器使用方法，以一人挽而前进，先以刺轴旋转而点穴，再以种箱旋转种子，落入穴中，继则灰肥箱旋转灰屑，散在种子上，终以两片之铁犁，掩平土地。是经一次拖过，播种之手续，可同时告成，洵农家最有利益之具也。每具成本计十五元二角。闻郑君尚有轻便施肥机一种，亦甚灵巧适用云。

美术馆

浮邱

建筑洋式，方形，有楼。

馆内共分四门，曰：工艺门、铸塑门、手工门、雕刻门。

工艺门

螺田漆器（扬州）。

制作果品（江宁）（苏州）。

赵鸿雪铜板插屏三架（常州）。

吕惠如花卉册（江宁）。

何应瑞、赵孟頫墨迹（丁志存藏）。

贝叶册页一册十八张、董香光山水立轴（徐南藏）。

四朝宝绘一册十页（张莘侪藏）。

林晋卿刺绣山水四轴（浙江）。

瓷业公司描金黑鹰花瓶，画法生动，花纹精工，瓷水牛状如生（湖南）。

瓷业公司五彩瓷孔雀、仿古琅窑青果瓶、仿古厂官釉香炉缸（江西）。

铸塑门

泥像（常州、无锡）。

手工门

余冰臣书画绒四帧（苏州福寿公司）。

铁制嵌空四季花大横披两幅，铁制彩色菊、兰花横披各一幅，李士贤女士摘绵挂屏四架（江宁）。

刺绣花屏八幅（湖南俞明震）。

华璩刺绣风景，工作精妙，设色鲜丽；张明秀刺绣芦雁，设色古雅，栩栩如生（常州）。

苹果色漆花瓶、湖金色漆六角瓶、古铜色漆南极老人观音（福州）。

绣衣二件（杭州沈蕊珠女士）。

绣花篮二十六只（杭州沈蕊珠女士），篮各异式，花各异种，各项绣法，无一不备。

写生织物二幅（阳湖刘百禾），精巧绝伦。

阙伊黐草刻细工人物（浙江）。

吴维翘女士油画两架、张聿光火油漆画、苏本楠女士油画（松江上海）。

雕刻门

雕刻竹器（太仓）。

雕刻石器（浙江青田）。

雕刻瓷器（江宁）。

雕刻漆器（扬州）。

卫生馆

浮邱

建筑为洋式，形如磬，大门开于磬之折处。入门后左侧为医学馆及临时病院，有看护室、诊断室、调剂室、消毒室；右侧为陈列室。

陈列室内，中、西医物皆有，而以江南军医局所陈为最多，兹略述数种如左。

江南军医局生理切片、实验标本、病理实验标本。

细菌培养标本。

苏州本山鹿茸。

江西习艺所救火药水。

太仓灭火药水器模型。

武备馆

浮邱

建筑为长方形，西式。

江北兵备处辎重船模型。

江宁制造局三十五分后膛劈山炮、子母炮、十一密里赛里炮。

江宁工程第九营应用桥梁模型、地形模型。

江南步队三十三标拦阻模型。

四川机器局新式七响手枪。

北洋制造局水旱雷棉药样、开山炮弹、炮台模型。

两江陆军测绘学堂一等三角点望楼模型。

江西省军事教育模型。

湖北各种军事模型、各种军用皮件、各种枪弹。

二十四响机关枪一百五十件。

六米里八步枪八十五件。

机关枪、马枪、步枪。

江南制造局各种实心子弹、铁开花弹。

广东制造局轻机快炮。

北洋海圻巡洋舰模型。

福建船政局船厂模型、船坞模型。

南洋海军学堂习艺机器厂模型颇大，武备馆中无隙地可以陈列，馆后另有一六角亭安置之。

六角亭之侧，别建一室，满储江南军械局各种过山炮及军医局之卧车等物。

他如辎重车为行军要件，江北督练公所新发明一轮辎重车，可以人挽，亦可马拉，尚为轻便适用。

机械馆
浮邱

建筑为长方形，无楼，中间可与通运馆相通，而闭锁之，陈列以北洋为多，略述其大概。

北洋劝业厂所陈汽机消防水龙颇巨，又有头号人力方水龙、分压圆桶水龙、起重镐车机、美式顶水泵、挤铁机、切铁机、压铁机、滚铁机、刮铁机等，又有火柴切片机、切丝机、排列机、轧棉机、钻床、车床、绞丝床、行军铁床、指挥刀、折叠铁椅、镀镍茶几等，陈列既富，制作亦精工。

北洋机器局所陈亦夥，有撞头道铜盂机颇大，余有刮铜板膝膛机、撞底火机、齐底火口机、装药机等，共数十具。

求新机厂所陈有火油抽水机、筛子风扇、轧豆机、豆油榨机、压子机等。

通州资生铁厂所陈，有打米机、救济机等。

江南船坞所陈，有双轮汽机两具。

通运馆
浮邱

通运馆陈列寥寥，几不能成立，亦可见我国交通之不便也，其中如苏路公司之斜塘桥模型，南通州资生铁厂之汽船模型、连珠挖泥船模型、客车模型，皆有可观。

水族馆

我一

入门须纳铜元四枚。屋之中央有喷水池一,其正面为门,三面皆墙,上开玻璃窗十五格,窗外为小水池,与窗相平,储水于池,养鱼其中,自窗中观之,鱼游上下,历历可数,计现畜之水族多种,约述于下。

鲊鱼、鲲鱼、鲤鱼、鳊鱼、鳜鱼、鲋鱼、鲙鱼、青鱼、黑鲤鱼、金鱼、鲇鱼、乌鲤鱼、小黑鱼、龟、蚌、蟹、蛙、鳝鱼、鳗鱼。

在水族馆之旁,则有江浙渔业公司出品陈列所,门外壁上有一虾一蟹,颇肖真形。馆内陈列有鱼类标本,及渔业公司之渔船模型、各种渔具。

馆外为一大池,隔池可达劝工场,湖北水泥厂在池上建一桥,材料用大冶县所出水门汀。桥凡三洞,两端有高下,中为独柱亭,支立如伞;两旁栏杆具备,亭中陈列寿器一具、狮子一对、高塔模型一座,坚逾石板,见者几不知为水泥也。桥下有大、小铁路枕木数段,一半露出铁丝,上书本厂发明水门汀,可为铁路枕木之用。由此观之,水泥之功用,不亦大乎?

卷二

京畿馆

我一

馆与暨南馆比连，门外有高大牌坊一座，上书"京师出品协会"数字。馆屋为"一"字形，不甚宽宏，入口有正阳门模型，位置正中，令人想见都门之容状。右入，首见学部图书局编译印刷之图书，陈列殆备。次则各学堂成绩，除京师大学堂外，寥寥无几，岂首善之区、教育品犹未足昭示全国乎？盖系征集未周之故，大学堂学生所制博物学教授用品及参考品，颇有适用之作。众和风琴厂八号风琴一具，形式稍欠灵敏，价亦稍昂，此物构制甚难，从前惟上海科学彝器馆研究仿造，今得众和，南北并峙，亦教育用品中挽回利权之一端也。

景泰蓝磁器，不特名著中国，即欧美人见之，莫不称赏。此次劝业会别馆中，亦各有仿造品，要不如京畿馆陈列之优美，如与教育品相对陈列之工艺商局景泰蓝花瓶、巨碟等，彩纹精细，形式幽雅，其为有目共赏也无疑。

教育用品，如理化器械、博物器械，上海科学彝器馆及他省教育品制造所，莫不按品仿造，实为教育界至要之事。惟化学用之玻璃器，尚不多见，今于此馆中，见农工商部工艺局有之，是足以补他馆之缺憾矣。

京师工艺之发达,当推全国之冠,以在此馆陈列者度之,有工艺官局、工艺商局出品繁多。

首善工厂则第一、第二、第三、第四、第五、第六、第七凡七所,其他工业学堂、工业试验所、女子绣工科及各商店等,尚不在内。兹将特色品,略列如左。

首善第三工厂各种纸张,尚待精求,惟各种汗衫堪与上海景纶汗衫厂出品相颉颃。

首善第二工厂透光香皂,及辉霞墨盒、刻花笔洗、笔筒、玻璃灯台等,精美可观。

农工商部工艺局竹制几椅、睡车、花卉、漆匣及镜框、盘碟之属,灵巧文净,不下于日本品,丝光绸亦尚适用。

首善工厂及工艺官局之布匹,花样甚多,惟光彩不甚夺目。

溥利呢革公司之呢,不下于上海日辉织呢厂之品,惜花样不多。

王德昌磁器庄各种磁器甚精致,而彩金地内外百花堆料碗、铁质窑变釉小花瓶等,尤为特色。

大兴黄可庄仿古陶器之花瓶、盆、碟,幽雅无异于古物。

农工商部工业试验所各种化药品,苟能推广销路,使全国教育界、工艺界,无待外求,其关系匪浅尠也。

农工商部女子绣工科各种绣品,五光十色,诚有独擅之胜。

农工商部工业学堂捺染成绩,他处罕得见之。

雕漆商会继古斋之雕漆百子图大花瓶,值价三千五百两;又百子同庆船一对,值价一千六百元;其他山水人物之盘盒花瓶，雕刻诚甚精工，惟绘画颜色当求避俗就雅则佳。三和公古玩玉器店珊瑚麻姑，值价五千五百元；义兴和古玩玉器店镀金点蓝白玉葫芦大瓶一对，值价八百元，嵌白玉仙人大挂屏，值价一千元，均为珍品，然以供装饰之外，无裨实用。

女子绣工科总教习余沈寿所绣义国皇后爱丽那像，姿态活泼，远望之，与照相片无异，两目尤饶有精神。谁谓今无针神耶？绣价值二万四千余两。

农事试验场教育品标本，制作尚佳，惜不多，内有纹马一匹，为最大植物标本，能不变色，惟名词有讹误者；丝茧棉花，洁白坚净，见者称之。

工业学堂铸金科成绩，如金银丝瓶、波地纹瓶，自是美品，又有制造花瓶模型，自第一部以至完成，逐件陈列，使人一望而知制造之次第，最有益于参观者。

京师大学堂动物标本，陈列于出口之处，尚不下于他处陈列之品。

隆恩殿模型，祈年殿圆亭、乾坤殿各模型，老景磺越海轮船模型，一则崇宏，一则精细。

乾隆景泰蓝大宫勋一对，值价三千五百两；乾隆象牙凉席，值价一千二百两，皆贵品也。

汉玉插屏一对，上嵌彩玉花草，颜色之美，形式之古，令人赏玩不已。

此馆陈列，莫不得"优美"二字之旨，亦莫不得"奢侈"二字之旨，所谓工艺厂、工艺局、工业学堂等出品，非不足以动人，然装饰品居大部，而寻常日用之普通品，殊不多见，此非所以提倡工艺之道也。

直隶馆

冥飞

入门处为庭园，略有花木。全馆建筑为"口"字形，中为天井，故两面皆有窗，而空气自流通矣。各出品分部陈列，尚有条理，惟最后一部，标明第二十三，而所见者，不过教育、图书、仪器、经济及交通、开矿冶金、土木建筑、染织制作、电气品、农业品、蚕业品、海陆军、统计等部而已。教育出品甚多，油画、水彩画颇有精者，天津教育品公司所制各种器械、文具，亦佳。

植基农业公司，有摄影十余幅，如蒙古人之家族等，尤饶兴味。

交通部陈列有各铁路照片数册，京张一线，尤为吾国人完全自办，而足以自雄者也。又有各种大小车之模型、轮船模型，皆佳。

矿物标本，有数百种，足见矿产之富。

香皂、牙粉、香水等，装潢华美，芬芳扑鼻。

井陉马清华及天津实业工场窑业科之磁器，均佳。

土木建筑部陈列，有天津公园模型、学务公所模型等。而天津公园，规模宏大，布置井井，上海视之，有愧色矣。

启新洋灰公司各种砖、瓦，式样甚佳。

染织部有天津实习工场，罪犯习艺所，民立二四工场，制造工艺局，各府、州、县工艺局之布匹，虽不十分精美，然工艺进步,固可知也。

制作部之皮包、书包、各式草帽、玻璃器、卫生衣等,均佳,惟价值不廉耳。

电气品部之电气物品,如电报机、电话机等,皆佳。吾国讲求电学者极少,而能有此制作,未始不差强人意也。

农业品部各种子,有百余种,麦种尤多,北部农作物之代表也,并有生物学杂志十余册,未能翻阅,不知其内容如何?

木材果实甚多,蚕桑品殊寥寥。

动物标本亦多,最大者为羚羊。

美术部之油画、绣货皆佳,泥制玩物,精美绝伦,远过无锡产者,惟皆神怪及戏剧人物,于教育上毫无价值,且价甚昂贵,每件辄三四元也。

医学卫生部出品甚少,有外科器械一副,甚精,余殆无足观。

海陆军部仅有刀数柄,殊无足观。

统计部有各统计表及各府县地图。

山东馆

我一

馆屋三大间,入口有一小间,陈列优级师范学堂、高等学堂之书籍、图画、植物标本等。案上有山东教育统计表一函,可以翻阅。更入亦为一小间,以师范学堂动物标本为最多,制作尚佳,惜学名均付缺如焉。

折而左,始入正屋,印成联衣公司各种线结品,随时可买。工艺传习所之栽绒毯,坚韧耐用,绣品颇多精美之作。电瓶、铁钩,有裨实用,布匹则不见大佳。

烟台出品最多,除药材以外,茧绸甚朴实适用,而野蚕丝茧则有丰豫、成生利、义丰德、恒兴德诸家陈列之品;张裕酿酒公司仿制各种外国酒,颜色装置,颇类欧品。

曹州工艺局木制环球地图,视部位之大小,镌成小块,合之则成全形,分之则知各地之状况,每套六元二角,定价亦不甚昂,洵学校之要品也。

高等学堂及理化学艺器械所所制各种理化器械,多而且精。

其他特色之品略列如左。

东阿贡胶。

日新公司粉笔。

博山磁业厂茶叶米色之瓶罇。

山东图书馆模型。

莱芜县点锡器。

泰安张秋镇毡货。

济南绸缎。

临清珠皮。

潍县古铜器。

莱州玉器。

山东渔业公司鱼船模型及鱼类标本。

工艺传习所玻璃丝屏及罐诘食物。

各州县之草帽辫。

馆后有屋三间,为出品贩卖所,如各种瓶酒、肥桃、无核枣之属,价尚便宜。

山陕馆
我一

馆在河南馆之南,建筑为中式楼屋五间,惟楼上为办事处,不能登。左为山西出品,右为陕西出品,陈列之物不分部,亦不分类。兹将各种特色,略列如左。

天产

潞安党参、归化青毛鹿茸。

交城玻璃原料。

采矿

陶林茶晶、霍州之银、阳曲硫璜。

凤台无烟煤、延长石油,为我国特品。

工艺

归德工艺局之栽绒毯、各色绸绉,已稍改良;成化、康熙、乾隆、雍正各窑之磁器,实为罕见之品。

此馆之皮货,甚为可宝,至教育品则未之见。

古铜器颇多贵品,如鸡彝一物,的系汉以前所遗,即汉刁斗三羊鼎;焚香之铜鹰,太平有象瓶,莫不古色盎然,洵可宝也。

河南馆
我一

河南馆在青石桥侧门马路之北,馆屋不甚宽宏,内分染

27

织、狩猎制作工业、采矿、蚕桑、美术、图书、教育、天产等部，而各部地位，互有错杂，征集亦未见丰富，玻璃厨[①]太低，俯而观之，殊觉困乏。兹将各部特色之品，略列如左。

捻线缎及织绒衣料，颇能改良。（染织部）

禹州钧磁各种瓶碟，磁质细润，颜色古雅。草帽辫为销售外洋之品。（制作工业部）

陈州伏羲陵之菁草，及各州县之豆麦。（天产部）

南阳镇平之花石、光山之铅、修武之铁、河内之煤、新建之磺。苟能地无遗产，致富何难？（采矿部）

龙门五百种隋舍利塔铭、前后《出师表》等，均为海内士大夫爱购之碑帖。（图书部）

他如古器参考品，有周窑罄、汉殿铜瓦、汉虑俿铜尺、北魏陈岁造像铜版，均为古代珍物，定价出售者。

安徽馆

我一

馆口为高大牌楼，内为中式楼屋，惟楼上非陈列之所。

入门，左为平屋三间，陈列安庆工艺厂之木竹桌椅及亳州皮椅垫、寿州竹器，尚未能全行改良。

正屋三间，教育品不多，男校仅有图画手工，女校仅有编织物数种。天产品甚富，以六安茶为美产。工艺品则以工艺厂之漆器、皮件为佳，竹丝器皿，编制细巧，他处少见之。巴青

---

① 应为"橱"。

光之挽行磨、自行磨、挽行碓等模型,足供研究。胡开文之墨,名不虚传。宣纸犹未改良,销路恐将锐减。吴鲁衡之日晷,精确适用。

后院一六角亭,两面临池,杂置籐椅,可以休息。

江西馆
我一

馆与安徽馆相邻,建筑之法,独具匠心。每间地板皆作斜坡形,始则自低而高,及中间适为楼屋,复自高而低,至出口处,适为平地。

陈列之物,分教育、天产、工艺三大类,每类之中又分若干部。如教育品则分标本、模型、图书、教授用具、成绩诸部;天产品则分蚕桑、矿采、狩猎、药材、农业制造、水产、农业诸部;工艺品则分化学制造、笺扇、五金、玉石、髹漆、鞣革、农具、染织、瓷器诸部。兹将特色略列如左。

农工商矿试验场之真笔版及油墨。

饶州之天鹅绒。

麻棉以苎麻、黄麻合制而成。

习艺所坎卦牌救火消防药水。

抚州工艺厂细草桌椅。

各州县之夏布。

他如景德镇瓷业公司之瓷器,质颇细净,陈列三间,巨细毕具。有钟珊圃君陈列一诸葛武侯铜鼓,系得自汉阳者,售价须二万两云。

浙江馆

冥飞

浙江馆占地虽小,出品甚富,惟陈列不甚得法耳。然其物品之精美繁夥,则较他省亦无多让也。

浙江教育品公司制造之彝器、文具,尚精美,且多寻常日用之物,其万年石版一种,厚实光泽,较外来品有过之无不及,但恐太重,不便携带耳。

黄氏学堂实业研究所所造化学药品,有百数十种。

定海出品有紫竹石,高尺许,石上有纹,状若竹。

杭州凌同福,船户也,制有木制海船模型,桨橹篷桅,无不毕肖。

温州漆器绝佳,可以追步福建。所制文具屏筒等,或以竹木为底,或以绸布为底,施漆其上,俨若磁器。

杭州刘铭之,精通化学,自有农场,从事改良农业。此次出品有各场摄影,规模宏大,又有农种、果实出品数百种,装潢陈列均佳。农种中有试种各国种所收之种子,比较其收获之多少,以图农业之改良。

绍兴陆永兴,有铁花挂屏数堂,以布为底,上钉铁花,精细与笔画者无异。

嘉兴各属之农种子,多至数百种。

各种丝茧及绸缎,花样之多,质地之美,竟在各省之上。

此外如温州、宁波之锡器,杭州舒连记之纨折扇,奉化之竹插屏,温州之瓯绸、瓯布,湖州之笔,宁波之竹木器,绍兴之酒,皆为浙江之特产,而出品中之重要者也。

湖北馆
我一

馆在劝业路之正直,建筑略似"凹"字形,而附属之竹楼亭榭,幽雅不与凡同。入口为湖北警钟楼之雏形,方正若城楼,上环雉堞,嵌一大自鸣钟,四围以湖北出品水泥为壁。门内正面为陆军第八镇营房模型,东为湖北劝业会场模型,西为中等商业学堂木制凹凸全省地形图,右入始为陈列室。

此馆陈列分为教育品、天产品、手工工艺品、染织工艺品、化学工艺品、机械工艺品、书画室等部。兹将特色,略列如左。

美粹学社刺绣《春牛图》。

无线电报机械。

手工善技场之呢布及线毯。

水矾退光飞雀围屏。

各种铜器。

篾丝织成之花鸟帐颜,亦可作横额。

劝工院之细篾丝衣箱。

广艺兴之漆木器。

庆元祥之景泰蓝器。

陆军将校讲习所之皮件。

广顺记之玻璃器。

毡呢厂之呢。

织布局之纱及白布。

利华公司之皮件。

陆军工作厂之皮鞋。

制麻局之绸布、麻布。

针钉官厂之针钉。

纺纱局之纱。

缫丝局之丝。

实习工艺厂之布。

肇新公司之缎。

兴商公司之茶砖。

观于此而知，湖北出品有尚足焉，他省所陈列，大抵以天产品胜，其人造物之足以指数者，除直隶、广东、浙江、东三省而外，不复多观，而各省之人造物，又大抵以吾国固有之品，随意改良，其能仿舶来之货，为挽回利权计者，机械最难，而湖北独多。惟如纺纱、织布、缫丝、制麻诸局，皆出于官家之手，以其出品与商家陈列者较，自觉退避不如，此亦大可研究者也。

机械工艺品陈列室之旁，有廊临池，以湖北造砖厂之砖，筑成巨壁，上置黄鹤楼模型一具，层檐画桷，以至几案联额，莫不具全，未作武昌游者，不啻身临其境矣。

循陈列室曲折至后面，有屋二间，为广济纺织机器试验场，有人在此当众试验机器。又屋四间，专贮各种机械。计出品者，有周鼎孚、兴业公司、洪顺、泰记、祁义兴及工艺官厂数家。其最高最巨,置于中部者为引擎;其次则轧花机、吹水机等,亦甚适用。院中复有川汉、粤汉之模范铁道,则扬子机器公司之出品也。

复有短廊,为茶叶室,陈列整箱茶叶,层累而高,几至屋顶。据云,凡湖北所产之茶,咸备于此室内矣。

抵此为一小园风景,花圃错落,翠竹扶疏,长椅横陈,稍休游趾。前面建一竹楼,椽瓦栏槛,几案椅杌,无不用竹为之,盖所以为黄冈竹楼之模型也。有汉口茶务公所王君,率茶业学生数人在此售茶,衣长衫,佩徽章,执役惟谨。茶叶为宜昌、长阳各地之产品,味醇而厚,每壶小洋两角,茶资付讫,转赠茶叶一瓶,其为推广茶业计也,可谓至矣。楼之四围,绕竹不下十百株,濒一荷池,池之四围,皆为树木。入夜缀以彩色电灯,池中有小舟,参观者如欲乘舟游荡一周,给资小洋一角。池上有长桥驾其上,遥对赤壁,赭颜笑人,身处其间,几忘其为人造之胜景矣。游者踯躅会场,见竹楼品茶之红帜,随风招展者,即此地也。

竹楼之侧,有一平台,为陆军第八镇瞭望台之模型,其下置第八镇营房模型,历历在目。竹林中又有隆中模型一具,以一老树根为之,峰峦之起伏,泉石之幽邃,祠宇之远近,亭榭之曲折,有曾游隆中者,谓与此诚无异处。而最高之中庭,有诸葛武侯遗像,高坐其间,须眉毕现,可谓穷极巧妙矣。去此不数十武,有一三角亭,亭后置伯牙台模型,亦具山水亭林之胜。自此渡长桥,过一亭,内陈两全公司之消防机器,更迤逦至赤壁山下,此山就小邱崇其巅,以大冶所产红土黏之,色殊赤,并题"赤壁"二大字于上,既可为赤壁之模型,又可为大冶之陈列品。至此即为出口,遥见牌楼之后,有题"赤壁之游乐乎"六字,见者无不鞕然。构思之巧,亦以见其始终不懈矣。

湖南馆

我一

馆与湖北馆毗连。入门为一院落,有四花房,遍陈盆花,芬芳扑鼻。左屋五间,为瓷业公司出品商店,改良之瓷器,质美而工精,游人类皆酌购数种以去。右屋五间,为美术工艺品商店,顾绣为多,其次则铜锡器、纺织品,种种俱备。

正门为凹凸式之牌楼,壁敷墨绿色之油漆,嵌以白花纹,高凡三层,每层皆有铁拦,上书"湖南瓷业出品协会"八大红字。

馆屋为"口"字形,中式楼房。入口即登楼,左厢五间,陈列瓷业公司四年成绩,有青花、纯白、彩画、罗汉汤、釉下艳黑、古鼎文各种花瓶、碗、盒、杯、碟,光彩夺目,更有原料标本、春泥用水模型、辘轳型、石膏型、制造顺序标本、大窑模型、釉下颜料标本、釉上颜料标本,使不知瓷业者见之,虽不能了如指掌,然已得其大概矣。

正楼五间,陈列湖南瓷业出品协会之瓷器,各种花鸟、人物、山水之花瓶,无一不佳。不佞尤爱其"踏雪寻梅"之大瓶一具,神情逼真。次如模范西洋式之杯碟,亦甚适用。

右厢五间,亦为瓷业公司四年成绩品之陈列室,而所陈列者,又与左厢不同,有仿西洋彩花杯碗全席、釉上写生细彩碗全席,仿造各种西洋器皿、各种釉下花器皿、各种古鼎文器皿,仍有美不胜收之概。

此馆磁器之胜,已如上述矣。其中"圣迹"磁,尤为特色,大小共一百四十八件,每件绘有"圣迹",自孔子生日起,至获麟绝笔止,皆在此全席盘具之中,闻为醴陵瓷业学堂师生合构之品。下楼右厢五间,陈列繁富,有彭老公和及永州之铜、锡器皿,祁阳城步之竹刻,省城临武之龙须席帽,宁乡、浏阳之漆器,省城彭三和之毛笔,各州县之绸布。

正屋五间,大半为醴陵瓷业学堂出品,亦多可观。其他有悬簪花馆、成春墅、湘绮楼、锦成春之绣花品,精细优美;保靖永顺之嵌花楠木器皿,亦佳。

左屋五间,为天产品所占,药材、茶叶,均为丰富;永顺之贡锡松香、浏阳之菊花石、宁远之湘妃竹,皆为特产。

正院中遍布兰花、栀子花等,余香袭袭,大有留人莫去之意。又有九嶷山之斑竹,罕见之品也。

闻此馆尚有续到出品甚繁,后当补之。

四川馆

浮邱

建筑为方形,内中陈列共分六项,曰:教育品、农品、矿品、工艺品、美术品、西藏品。

教育品中之动物模型,如豺、虎、白象、麒麟、鹿,又如蒸汽机关、凹凸镜、喷水机、自动水车,皆打箭炉师范附设手工科学生所造,颇为动目。

四川农产药材之夥，甲于各省，农品一部，所陈列者，笔不胜述，如农业学堂有各种谷类标本、木材标本、丝茧标木，萃百物于一处，能令人一望而知，更有制造之葡萄酒，则由天产品而进为制造品矣。

菸叶之种类，尤为繁多，含英工厂有仿造之吕宋烟。茶叶之陈列者，有百余种。

江津建馨厂，有仿造各种罐头、食物。

矿品中所陈矿石，有数百种，然以余度之，四川之地，半为山岭，矿石必不止此也。

工艺品中所陈者，以制革及制纸为出色，如成都制革厂所制之西式皮箱及提鞄，与西洋运售我国之品无异。提花绒毯，亦甚可观；乐利公司所制各种纸张，式样亦多，异日川汉铁路交通，吾知此二物必可畅销于各省也。

省城劝工局剥制之动物标本，甚为生动，此物应列入教育品，盖以其为劝工局所制，故列入工艺品耳。

鹿蒿厂所制各种玻璃器、火油灯，极佳。火油灯为人家日用必不可少者，每年外洋销入中国之数至夥，此急应自造者。今耀徐、博山二公司未见有此物陈列，仅于鹿蒿厂见之。

美术品中，如省城劝工局所制之瓷器，颇古雅。旅行衣箱，携带便利。漆器之雕刻亦精美。

省城习艺所之雕花斗方，颇觉嵌空玲珑。

西藏品中所陈者，率多喇嘛所用之物，可见藏俗之一斑。复有受降之铜佛数尊。

福建馆

我一

馆屋为"口"字形,入口为教育品。女学成绩不外编织、造花、制果诸事,惟女工会之抽丝,疏密得宜。中等蚕业学堂模型及蚕丝成绩、自治学堂教员所制桥梁及商船模型,均能于实际上启发人之智识。师范学堂略有动、植物标本,启新学社之各种酒精标本,可供教授之用。农具及纺织品,陈列颇多,惜无改良新式者。武彝星村小种茶,价尚便宜。塘园主人陈列德化磁器数十种,色白纹净,的是珍品。此外白磁碗碟、花瓶之属,罗列满案。余尤爱其梅花白磁大斗碗,惜有先我定购者矣。

中部为一方形院落,下铺水泥,上盖铅蓬,四面均有气窗,故其下仍为陈列之所。有廖君者,率盲生数人,在此工作。审其课程,为织帘、织袜、织席、鼓琴、吹乐、认字、写英文,参观者如欲试验功课,毫无难色。尤奇者,来宾任诵英语,盲生即能笔述之。案上有凹凸字簿数册,案旁风琴一具,余见一生以指抚凹凸字簿,似温习功课然,既而置簿于抽屉内,至风琴前坐而踏之,音节合度。又有一生在彼织席,一生坐于侧,以丝投于机,一生织之,更相上下,无稍迟误。噫!我国盲哑之伦,视其残废而豢养之,以待其毙,若能习于星算、巫卜之技者,其上焉者矣。自今以往,残废之人,亦有自养之道欤。惜乎我国文字,未能制为凹凸簿,致教授盲哑之文字,胥为外国文。为可悲耳！

是馆陈列之物，以福建工艺传习所出品，占大部分，其细工、雕刻、屏联、龙眼木雕刻人物，莫不精致可贵。籐轿二乘，并置院中，装饰美丽，坐者亦必稳适，惜有重笨之嫌。皮箱、皮盒已能改良，各种漆器，尤为美不胜收。

我国工艺中，漆器素负盛名，扬州、温州、广州，莫不各有佳构，然以福州较之，膛乎后矣，故言漆器以福州为第一，几无有能非之者。如此馆所陈，除工艺传习所出品外，尚有沈绍安、福庆安、林钦安等家，其精品有非传习所所能及者。

福州茶亭之文庙用器锦瑟一具，横陈窗下，阔约尺许，长约七八尺，凡二十七弦，颇足动游者之目。

黄炳臣家藏历代铜钱三十四匣，自有币制以迄今日，无不搜藏。观乎此，可以知我国历代币制之变迁，岂特考古家之至宝，即今之财政家亦当就而研究之。黄君曾历赴外国赛会，皆得上奖，物希为贵，各国皆然。兹将其种类列于左。

古压胜钱十二种、古奇品钱二十八种、古八仙钱全付、古金十五品、古布古金及马钱念五种、刀布十五种、周钱二种、秦汉半两三铢共念八种、东汉及王莽钱三十种、东汉及六朝钱三十种、六朝钱并备考立铢三十种、唐开元钱十五种、唐上代并偏安钱三十二种、北宋钱一百四十七种、南宋钱一百八十一种、铜元一百零七种、皇朝钞一百十三种、铜钞念二种、康熙钱念八种、顺治钱五十二种、外国钱五十四种、安南钱五十种。又明末诸王及发逆钱二十八种、明末诸王及僭窃钱三十二种、明崇祯钱大小四十种、当十天启钱六种、明钱五十六种、辽金夏元及僭窃钱三十三种。

广东馆

冥飞

当余参观劝业会时,正逢广东馆开馆。是日,午前行开馆礼,夜间放烟火,游人不下数万,广东馆中尤拥挤不堪,绝无驻足之地。次日游客甚少,方得参观。

他馆大率早八九时开门,至十二时闭门;午后一时开门,六时闭门。独广东馆不然,午前十一时方开门,中间不休息,至六时闭门,游客前往过早者,惟有踯躅门外而已。

广东馆中出品之繁富华丽,在各馆中,尤推第一。兹略述之,不能详也。

馆门之外,小有庭园,陈列白兰花等,亦出品也。

天产部有农种子、药品等数百种,水产数缸,多内地不经见之物,药品中有陈皮二盒,一为一百年之物,一为三十年前之物。

吾国输出品,以丝、茶为大宗。广东茶尚有限,丝则占全额三分之一。此次出品,丝、茶皆佳,据说明书云,粤蚕可六造,次第作种,产出之富,固其所也。

工业部夏布、棉布、磁器均佳,化妆品如肥皂、香水等甚多,装潢殊华美。罐头食物有数十种,多广东特产之物。

泥制玩物极佳,神趣不下于直隶,而精美过之,多戏文及动物,神怪尚不多见。有一红顶之显官,正襟危坐;一仆为装烟,酷肖,充其所长,可与西国蜡人并传矣。

木器、籐器,皆绝佳,且散置廊下,任人休息,不似他馆之禁人坐也。

美术部绣货绝精,无锡人某君告余曰:场中绣货,本以无锡为第一,然观广东馆之刺绣,夺无锡之席矣云云。以余观之,则广东刺绣之术,固推第一,然雅者少而俗者多,惟缤华女艺院出品,既精且雅,尤为难得。

玉器、银器、象牙器皆佳,而象牙器之雕刻,尤为绝技。

高烧青银器极精,有花瓶、杯、碗等,价值甚巨,每件辄百余元,乃至数百元。

端砚亦广东特产,价亦不一,每方有数元、十数元者,亦有数千元者。

钟表为上等工艺,吾国人能制者甚鲜,广东祥盛号出品大自鸣钟一座,甚精美,骤视之辄以为西洋品也。

综广东馆出品观之,天产品少而人造品多,尤以奢侈品为最多最精,陈列之物,皆备多件,以供购者之求,此亦他馆不及者也。

馆屋构造,甚为曲折,有四天井,故空气流通,而廊下多置出品之几椅(见上),便人一面休息,一面观览,亦一特色也。

广东教育出品陈列所

我一

馆在教育馆之侧,出品繁多,尤以工艺学堂之品,为最佳而最盛。

广东地大物博,以其特产加以工作,即成美品。故是馆除例有之图画、习字、教科书等外,教育用品颇多,如石版、纸制石版、粉笔蓝墨油、真笔版、墨水、不败糊、胶水、毛笔,无不适用,工艺尤为可观。兹将各种特色,略列如左。

清平小学、优级师范、高等公学各校之兵舰图。

初级师范、德育师范、广州中学、洁芳女塾之花卉。

方言学堂李德濂之炭笔山水及毛笔画。

振德学校、缤华女校之水彩画。

明心书院瞽目女生凸字书及写字机。

工艺学堂草绳打波椅及珐琅面纽绳花旗椅。

高等学堂机器画、斜视画、射影画。

胡国猷石膏制石楼乡凸凹地图。

江宝珩石膏制广东全省地图。

优级师范学校动、植、矿标本。

爱德女学刺绣海门界线图。

缤华女艺院之绣品。

工艺学堂星岩石彩画屏、绣花屏、景泰蓝瓷器、珍珠壳食器、象牙雕二十四层花球及腰带手境、全珀古瓶、纹银嵌景泰蓝瓶、星岩石文具、星岩石充珊瑚纪念珠、雕刻木器、绢花及铁花玻璃灯、橄榄核刻字舟、雕竹花船。

云贵馆

冥飞

馆舍为长方形,左云南,右贵州,出品皆不丰富。殆以僻处西南,而交通不便,征集运输均甚不易之故。

云南出品者,仅劝工局、制造厂、农业学堂、图书馆四处,出品有铜器、锡器、革器、绸缎、药材、农业种子等。其可动目者,五金矿标本二百十六种,矿产之富,可以想见。阴沉①木整板四块,径二尺余,可制一棺。据说明书云,古时山崩,大木为土所压,木受地气,遂尔阴沉,掘土得之,如开矿然。常有开掘数年而不得者,故价以难得而贵也。翠玉屏二座,一色全绿,价二千一百金;一色稍逊,大则倍之,价四千二百元。漆制脱胎花瓶甚佳,虽不及福建产,而可与温州颉颃矣。础石二块,径二尺以上,面绘山水颇精。象牙帽筒一对,长约二尺,径三寸,价五百元。药材中有肉桂数枝,大者重斤许。茯苓一只,径尺许。贵州出品,更不及云南,仅茶叶、梓腊木器、木材、药材、楮纸丝蜡、竹器而已。

木材种类甚多,有楠、梓、核桃、杉、榕、松、柏、楸、杉等。吾国林政不修,号为大森林者,南仅福建,北仅满洲,岂贵州尚别有之耶!

东三省馆
我一

馆在山陕馆之东南,建筑为中式平屋八间,陈列虽不分部,尚为井井有条。天产物既富,人造物亦繁,学堂成绩又甚可观,有足验东三省近年开化之速者。兹将特色,略列

---

① 原文作"沈","遂尔阴沉"同。

如左。

陆军测量总局木制关东半岛图,并壁上新悬木制皇朝一统图,镌刻明净,符号详备,亦教育发达之现状也。

吉林博物标本实习所各种标本。

吉林中等农业学堂植物标本。

安东包米亦名黄马齿,系仿种美国品,效用甚多。

吉林大山蕨,长或数尺。

他如矿产、皮货、药材,无不既美且盛。纺织品亦多改良。

暨南馆

冥飞

吾国人在南洋营业,已数百年,现在人数有二三百万之多,然则南洋实吾国之殖民地也。此次南洋华侨,热心与会,组织斯馆,以表彰[①]吾国在南洋之成绩,令吾人得见所未见,诚盛事也。

馆中陈列之物,精美华丽,且多销售于欧美诸国者。盖华侨久与外人习,故能知其嗜好也。

矿物海产,珍奇杂错,多不能举其名。鸟类标本,亦多异物。有一鸟,尾生背上,大于全身几二倍。

所制玩具,每作怪状,大约系形容马来人之陋而加甚者。

新加坡和和公司所制洋糖,种类繁富,装潢精美。

各种饼干亦佳,就中有一种曰虾肉饼干者,据说明书云,

---

① 原文作"章"。

可数年不坏，食时以水蒸之，可涨大数倍，销欧美各国甚盛。又有牛乳饼干，价甚廉，甜者每百斤十元，咸者九元而已。

刺绣品甚佳，绣花拖鞋尤有趣。有绣屏一具，工妙无比。

戏台模型一具，类广东戏台，甚俗。

各种纱裳，花色佚丽。

协昌机器厂各种机器，甚精，有制汽机及制茶、缫丝等机械，又有一照海灯，每一分时放光一次。农种子甚多，亦为内地所不见者。

此外，罐诘食物，如巴达维亚之马照里瓦，马郎之三道花砖，望加锡各种陶器、漆盆、漆缸、西式冬夏帽、肥皂、木器、籐器，皆甚佳。

此馆售出之品甚多，颇有愿以售出之款，作暨南学堂经费者，洵可嘉也。

兰锜馆（亦名江南制造局出品陈列所）

浮邱

建筑为长方形，四周有回廊，前有阙门。

馆中陈列一室，不分出入口。所列各种枪炮，均极新式者。每种皆有详细说明书，即不知兵事者阅之，皆能了然。

仿造克鹿卜七生五管退山炮。

自炼各种钢料。

较量铜壳机器，三具。

较量枪弹机器。

较量钢弹新式机。

六密里八马、步枪零件。

各种炮弹。

参考馆
冥飞

参考馆分第一、第二。第一参考馆分德国、美国二部,第二参考馆则分英国、日本二部。余先观德国部,入门有金制"大德国"三字,下悬德皇小像。

瑞记洋行出品之机器军械,种类繁夥,制作极精。

有军舰模型一具,前后皆悬龙旗。

各种文具,如铅笔、钢笔、绘图器等,本为德国擅长之制作,货精价廉,陈列之法亦佳。

客利肥料厂专制化学肥料,以代天然肥料之用,其陈列说明书,皆见心思。陈列美国棉一种,说明用此肥料,每亩可收子①花五十八斤。又有摄政王及厂中执事摄影一张,则光绪二十七年赴德时所摄者也。又有油画及印刷画数帧,比较用新、旧肥料之情状,辄见用新法者茂盛,用旧法者远不及也。有详细说明书一册,钉于小机上,以便游人取阅。

禅臣洋行打米机器别列一室,装置完备,随时可以试验。

各种电气品,如电报机、电话机、无线电报机、电铃等,皆精。

布伦播威电料公司,有各种电机模型,据说明书云,可

---

① 应为"籽"。

代汽机之用,电车无论矣。即若现在德国军舰,现亦用电机,每小时可行九十六里;新式火车头,亦用电机,每小时可行一百十里。近则开矿亦用电机矣。

教育出品,有青岛专门学堂、上海同济医学堂、汉口德华学堂等之照片、讲义、成绩。

美国部与德国部相接,两国教育出品,同在一室,仅用栅以栏之耳。

美国教育出品,有南京金陵大学之照片、成绩及校舍模型,又有美国各大学,如哈佛大学、芝加哥大学、亚陆大学、次不列机大学、牛津大学等之照片、成绩,规模宏大,颇有可观。

美国部正室,皆工艺品,另有正门,如先观美国部,则可由此正门入,经两国教育出品室,以至德国部。

美孚煤油公司,美国富豪洛克所创也,出品有煤油、洋烛二物。煤油陈列殊妙,将各种煤油灯、煤油炉等,约百余种,凡可用煤油者,尽列于一室,颇足动目。

此外茂生公司之肥皂,晋隆洋行之火炉铁箱以及各种洋布、罐诘、食物、电气品等,皆佳。花旗轮船公司,有中国、高丽、西伯利亚三轮船之照片,载重各二万七千吨,为世界有数之大汽船,而航行香港、上海、日本、旧金山间者也。

胜家公司各种缝衣机器陈列颇佳,室内设有几椅,备人休憩,且有人招待指示。

美国林政完美,木材产出极多,此次出品各木材,有径二尺以上者,惟尚未陈列完竣耳。

第二参考馆,日本部因雷雨损伤,正在修理,停止参观,惟泰平公司所占之室，许人入览。此室布置殊佳，壁作女墙式，有门一，题曰"泰平门"，门内四壁，皆张山水油画，有焦山、金山形势图，令人耳目一新。出品为武器及模型等，非不动目，然以视德国部之军械，则不免小巫见大巫矣。

英国部陈列之物，甚寥寥，上海常见之物，大半皆无之。

白礼氏之洋烛出品，作塔形，及太阳形，颇动目。

龙飞马车行之车马模型，各式皆有。此外，怡和公司之机器、卜内门公司之洋碱，尚可称大宗出品。英美烟公司，陈设极华美。荣华洋行大自鸣钟一具，以赛门德土为座，高丈余，价值一千二百两。

大汽船模型二具，一载重五千三百吨，一载重七千九百余吨。

参考馆仅英、美、德、日四部，他国无与会者。盖外国与吾国之贸易，以此四国为巨也。即此四国，亦非其国家认真与会，不过旅沪商人之一部，陈列其常售之物品而已。故英国部出品人仅七家，一若不甚注意也者。就现在陈设，四部之中，德国为最，其陈列之动目，说明之切要，出品之精美适用，不惟吾国梦想所不及，抑亦驾英、美、日三国而上之，贸易日盛，国力日隆，有以哉。

卷三

游览须知

（一）抵宁情形

长江轮船埠头及沪宁铁路火车站，均在下关。凡附轮船、火车抵下关后，如住下关旅馆（旅馆名详后），则将行李安置旅馆中再行入城；如不住下关旅馆，则运载行李有马车、人力车及宁省铁路火车。兹将各种价目略开如左。

车别	至丁家桥	至三牌楼大马路
马车	约六角	约四角
人力车	约一角二分	约一角
宁省火车	三等一角	三等五分
	二等一角五分	二等一角
	头等二角五分	头等一角五分

（各站价目及时刻表另详后章）

按马车一辆，可坐四五人；如载行李，可二百斤。火车载行李，头等可二百斤，二等一百五十斤，三等一百斤。

凡至宁游览劝业会，自以住附近会场各旅馆为便，惟旅费较他处稍昂。如住中正街、钟鼓楼等处旅馆，则有宁省汽车及人力车、马车等，亦尚便捷（旅馆名号详后）。

入场之先，须先在场外售票处买票，每人二角，童仆减半；如团体或服军学界制服，或为工人，均有优待券。持券入场,须先付卫士,检验打洞。

入场后,如所至之地尚远,可乘人力车。登车即须售票,无论远近,每次铜元六枚。如较近之地,即不必坐人力车,现在轻便铁道,业已通车,绕场一周,计分四站,每站铜元三枚。

入场之后,凡欲游览各馆及各省别馆或劝工场,均无须另行纳费。

(二)会场广袤

会场周围,约有七里;各馆占地,大小不同。兹将工程已完者列表如左。

工艺馆	三百方	广东教育馆	八十六方二分四厘
教育馆	三百方	兰锜馆	九十四方半
卫生馆	三十方	云贵馆	三十一方
武备馆	六十方	四川馆	三十方
暨南馆	六十方	山东馆	三十六方
京畿馆	六十方	直隶馆	一百八十方
劝工场	三百方	浙江馆	六十四方
农业馆	一百八十方	福建馆	六十三方七分五厘

一、二参考馆　各一百五十方

江西馆　七十六方

通运馆	一百五十方	安徽馆	八十六方五分
美术馆	四十八方	广东馆	二百五十方一分一厘
公议厅	九十方	湖南馆	三百十五方五分六厘
纪念塔	三十二方四分	湖北馆	七百七十八方八分
喷水池	十二方四分	东三省馆	四十六方八分八厘

水产馆　二十三方　　　　　山陕馆　二十一方二分三厘

事务所今为审查室　一百六十一方五分九厘

河南馆　二十三方二分

近又建筑新屋，占地百数十方，以事务所移入，而以事务所改为审查室。

其他商店及游戏场数十处，尚不在此内。

（三）场内饮食

场内茶社、酒楼、菜馆，随地皆有，当首推特别饮食业出品所。略述如左。

特别饮食业出品所，在水族馆之后，剪竹成畦，编竹为屋，全体为一竹字形。陈设桌椅之属，亦皆竹类。可谓匠心独具、风雅宜人矣。

菜品、点心品，烹调精美，价亦不昂，并有说明书将其原料及制法一一述之，可以任选。

茶叶甚佳，可为吾国绿茶之代表，用水亦灵净可口。凡在会场内饮食者，自以此所为最佳。如欲宴会，当先往定菜。

其次则水竹居及留客处，亦于竹林中，构屋数楹，茶酒咸备。

如欲西餐，则公园即绿筠花圃内之群贤居，座位颇清洁，酒菜亦尚可口。

茗谈之所，湖北馆之竹楼，布置一切，颇合骚人雅士之心理；其次，则小团茶社，尚佳。

上海同茂行，专售太阳啤酒，小瓶二角，大瓶四角；荷兰水每瓶二角。倦游之际,前往沽饮,亦足消却缛暑斗许。

(四)场内游戏

除陈列品物各馆之外,尚有种种鼓助游兴之处,惟东三省动物园及嬉笑奇观处最饶趣致。兹特详列如左。

嬉笑奇观处　在工艺馆之侧,入门须售票,每张小银圆一角。内为空屋一大间,倚壁四围并列玻璃镜十五方,人立镜前,或远或近,或正或斜,或摇或止,能变成种种奇异之形态,对之未有不呵呵大笑者。兹将镜之异致,自右而左略述如下。

第一镜　上短下长,远立则为倒影。

第二镜　下短上长,远立则为仰体矮人。

第三镜　凸肚,矮人远立,则有下体之倒影。

第四镜　上有倒影,下为矮人,远立则上、下两矮人头可相接。

第五镜　人侧立,则为驼背。

第六镜　近立为长人,远立则头、足均不见。

第七镜　近立为两矮人,远立可变为三矮人。

第八镜　人中立,则肥;左右立,则瘠。

第九镜　人中立,则狭而长;远立,则成一直线。

第十镜　首、足大而体小,远则倒立。

第十一镜　近立,头大而体短;远立,则为矮人;逾远则人几如仰卧地上矣。

第十二镜　中立,为一人;稍偏,则成二人,一肥一瘠;若摇摆不定,则或三或两。远立,则变为三矮人,其狭如线。

第十三镜　身长而足扁,远立则或现六足,或现四足,或仅存下体。

第十四镜　身肥而扁,逾远则逾扁。

第十五镜　近立,则上长下短;远立,则下大上小,并有倒影。

前闻此处因资本已罄,有停止游览之说,近则甚为热闹矣。

东三省动物园　入内游览须售票,每人小银圆一角。园内四围为兽栏,中央为一庭,庭中有大乐器,以机摇之,即奏乐。内又设有茶座,点心、瓜子、汽水皆备。

动物颇有奇异者,除东三省所产外,间有蒙古、新疆之物,惟闻各动物到宁后,或以气候、水土之不惯,或以饲养、清洁之不合,颇多就毙,殊可惜也。兹将不佞所见者,一一述其名于下。

猞猁狲　黑龙江

金钱豹　黑龙江

虎　黑龙江及长白山

袋鼠　黑龙江

狐狸　黑龙江

熊　黑龙江

豺　黑龙江

五灵鸡　长白山

花鹿　长白山

蟒　漠河　又　海参崴

鳄鱼二条　海参崴

狼　兴京

花鼠　兴京

貂　吉林

黑熊大如小牛　吉林

四茸花鹿　吉林敦化县

梅花鹿　吉林

鹦鹉红一、绿一、白三、灰色二　吉林

狍子四只　吉林

鹿马二只　吉林

白鹤二只　吉林

孔雀　热河

兔白二、黑二　未详

野马每小时走百里　蒙古

芝麻雕　奉天

蝙蝠　未详

鹭鸶　未详

獾　呼兰府

狮子雄、雌各一　兴安岭

刺猬二只　未详

猎犬　新疆

长臂猴十三只　未详

马猴三只　哈尔滨

豪猪　黑河

狐　黑河

猩猩　黑河

此外,尚有小雀数笼及鸽十余只。

马戏场在东三省动物园之侧,看资分数等,头等每人一元,二等五角,三等三角,特座二元,包厢十元。闻以生意寂寥,大有不能维持之势。

湖南馆附近有电景①公司。

会场正面有纪念塔,形方而高,不特可窥会场全景,即会场以外亦远近在目,内有升降机可以随时上下,每人每次铜圆六枚。

会场牌楼、纪念塔等处及各馆,门户屋檐、屋脊之上遍装电灯,远近高下约一万一千余盏;入夜则光明炫耀,虽不夜之城恐亦无过于是,诚大观也。

各馆有时特放焰火,如暨南馆开馆时放南洋焰火,广东馆开馆时放潮州焰火,福建馆开馆时放福州焰火,京畿馆开馆时放京师焰火,观者无不繁盛,惟无一定之时期耳。

绿筠花圃与会场毗连,出入无须纳资。园址甚广,并有亭台楼榭,大可消遣缛暑,内有番菜馆,每客约一元二三角;茶社每壶小洋五分。兹将园中状况,略述如左。

绿筠花圃(即公园)　在会场青石桥之外。入门曲折而行,初为群贤居番菜馆,更入有蓝架花棚,前一板桥,左右为荷池,荷花正开,清香扑鼻。过桥有一八角亭,亭前一定风车,对面荷池中有喷水台,台上立一铁拐李像,水自葫

---

① 应为"影"。

芦中喷出。池之北面一六角亭，正与八角亭隔池遥对。由八角亭而西为一方亭，中贮大水晶石一方，以铁丝网围之，亭旁为桑田，一望青青，颇爽心目。荷池之侧为洋式厅屋三大间，长廊旋绕，群贤茶居在焉。由此渡曲桥，正面短垣之内，畜一大虎，绕以铁栏。更曲折而东，至一亭拾级而上，凡十余级。亭之下层为鹤巢，畜灰鹤十数只，白鹭两三，而池上以网张之，俾鹤、鹭游泳水中而不致飞逸。稍东为一茅亭，中隔数区，杂畜鸷鹰、孔雀、金鸡、鹦鹉之属。更东为花圃。公园之游，尽于此矣。

（五）场内商店

场内商店，以劝工场最为整齐。其屋为"工"字形，前后均为楼屋，中为平屋。兹将各商店，按号开列如左。

一号　上海商务印书馆

二号　同上

三号　蔡逸记顾绣庄

四号　同上

五号　上海世界社、中国图书公司

六号　日益肥皂公司

七号　乐善会出品所

八号　林钦安漆器

九号　中法大药房

十号　同上

十一号　广学会

十二号　中国教育会

十三号　圣经会

十四号　圣教会

十五号　宜兴陶器公司

十六号　永丰泰陶器

十七号　吴德盛陶器

十八号　瑞太茂陶器

十九号　四川裕川公司

二十号　同上

二十一号　同上

二十二号　同上

二十三号　景纶汗衫厂

二十四号　同上

二十五号　本场经理处招待室

二十六号　沈镐记漆器店

二十七号　本场经理处办公室

二十八号　沈恂记漆器店

二十九号　古今图书社附美术社

三十号　南洋印刷局

三十一号　音乐室

三十二号　本会照相馆

三十三号　华利公司

三十四号　同上

三十五号　美如玉斋

三十六号　林德山房

三十七号　麟记卷烟公司

三十八号　王朝甫笔庄

三十九号　金源隆茶食店

四十号　孙峻隆透纱店

四十一号　直隶出品公司

四十二号　聚华杂货店

四十三号　直隶出品赞助公司

四十四号　梁福盛漆器店

四十五号　直隶出品赞助公司

四十六号　射①馥春香粉店

四十七号　军用图书馆

四十八号　福庆安、双兴漆货店

四十九号　大北公司

五十号　实业研究社

五十一号　纪念馆

五十二号　义宜室

五十三号　纪念馆

五十四号　福建出品所、老天华乐器

五十五号　义太号、大吉祥漆器

五十六号　书画研究所

五十七号　林钦安、林康记漆器

五十八号　书画研究所

---

① 应为"谢"。

五十九号　福建古玩铺

六十号　庆元祥京货店

六十一号　福建工艺传习所

六十二号　庆元祥京货店

六十三号　宜荆辑五公司

六十四号　同上

六十五号　同上

六十六号　同上

六十七号　晋裕公司

六十八号　卜恒顺附百花洲

六十九号　谦泰昶

七十号　江阴华澄公司

七十一号　上海文明书局

七十二号　同上

七十三号　同上

七十四号　同上

七十五号　连陞成鞋店

七十六号　同上

七十七号　广东汕头抽纱公司

七十八号　广东公和栈

其不在劝工场内，以酒楼、茶社为最多。而工艺馆之后，别有数家。更列如左。

承茂顺玩具店、宁波习新竹艺厂、潮汕翁财源抽丝店、美艺号售美术品并纪念品。

尚有特建房屋并不在内贸易者,则有金陵缎业别馆。中式,平屋三间,左右为出品室,陈列南京各号之缎匹,素缎、库缎较多,花缎殊少;中间编悬南京各缎业之牌号不下数十家。如欲购物者,可于此间绍介。

尚有特建房屋即在内贸易者,分述如左。

博山玻璃馆 馆屋五间,上面及四面窗户,均用本厂之玻璃为之。陈列之品,以玻璃丝花鸟围屏最为特色,其制用玻璃丝两面织叠,而以花鸟绘画夹于中间,弹以指,振振有声。他如冲玉彩画花瓶及鼻烟壶,亦甚精秀可爱。水晶酒盅,刻花碟子、茶碗,价廉物美,夏日用之,尤有趣致。其平片玻璃,足供普通装饰之用。

湖南瓷业公司出品商店 设在湖南馆之门外。屋凡五间,满陈醴陵瓷业公司之瓷器。普通品则有各种饭碗、菜碗、茶杯、酒杯及大小壶、碟之属;装饰品则有各种大小花瓶、花盆、斗方之属;玩赛品则有睡童、美人及各种牛、马、鸡、鸭之属。式样花纹,均极细致,价亦不昂。

湖南美术工艺品商店 亦在湖南馆之门外,瓷业公司出品商店之对面。内陈各种湘绣,尤推特色,即铜锡器、木器、竹器、改良布匹,颇有适用之品。

江西瓷业公司及景德镇瓷器商店 分设两处陈列。瓷器自以江西出品为限,大小精粗,亦甚完备。瓷质之美,当为我国第一,惟绘画式样,尚未能色色精妙。

(六)场外附近各商店

前章所述,皆为会场以内之商店。兹更将会场外附近各商店,如在丁家桥正门马路及三牌楼侧门马路者。据调查所得,开列如左,惟旅馆一项,则列入第九章"旅馆类",不复复见。

丁家桥正门会场路

金陵电灯官厂分设会场外办事处	春盛面店
烟纸店	斌馨茶楼
集古阁文石古玩	竹隐茶社及金石书画会
庆陞茶食号	豫厚祥钱庄
易安精舍	茂林花园
剃头店	广福杂货店
美最时洋行经理处	柳春茶园
劝业会银行	

三牌楼侧门劝业路

歌舞台戏园	新世界影戏
九州同乐楼茶店	
四海昇平楼茶店(兼售大菜点心)	
晋陞靴鞋	味纯园茶馆
两宜楼茶酒	罗喊药房
永泰烟行	耀华照相
绿天咖啡馆	宜兴茶座
福州福庆安漆器	内兴隆靴鞋
仁源衣庄	夏合兴中外木器
便宜楼绍酒	南洋得意楼酒菜
广宾居消夜	屈臣氏大药房
玉穗楼酒菜	无锡茂新面粉公司

五云斋茶食	八骏马车行
春雨杏花楼酒菜	江南第一春茶楼
言茂源酒楼	四时春点心
李氏留真馆照相	广东叶万全药店
芝兰轩药店	玉壶春茶店
南洋第一舞台戏馆	海天春番菜
三醉楼酒菜	金陵大药房
老九章绸缎局	中英大药房
《天铎报》发行所	穗丰粮食
别发洋行	东华印字书局
振余物产制造所	麦美伦图书公司
新旗昌洋行	福建商品销售处
新新果子酱油公司	正广和洋酒荷兰水批发所
汕头潮嘉出品协会	和记钱庄
履泰履新靴鞋	醉香居酒栈
聚古斋金石文玩	南洋大观园
南洋长顺楼茶酒	毓秀阁茶居
源发祥金腿	惠仙茶楼
泰丰罐头荷兰水厂	普太和蜡丸
广生行花露水	便宜坊酒菜
万全酒栈	江南瓷器店
韩复兴鸡鸭	整容店
大昌荷兰水店	大盛钱庄
鸿运楼茶酒	仁源号

习靖斋金石古玩	友石斋金石古玩
亦乐茶社	致美楼茶酒
泰记荷兰水公司	沈绍安恂记漆器
东洋杂货店	四海文明楼茶酒
时新春点心	宁安茶社

（七）场外车辆

南京马路四通八达,故行人大抵乘坐车辆,既便且速,惟各项车辆并无定价。兹将人力车、马车之价为余探询所得者,略列如下。

下关至各地马车:

水师学堂:三角;

三牌楼:四角;

钟鼓楼:五角;

丁家桥:六角;

珍珠桥、小营、碑亭巷、汇文书院:均一元;

督署西华门、天主堂、双石鼓、花牌楼:均一元二角;

中正街、内桥、金陵医院、四象桥、门帘桥、复成桥:均一元四角;

升平桥、奇望街、府东大街、淮清桥、都统署、万寿宫、三山街、鸽子桥、下街口、将军署:均一元六角;

朝天宫、通济门:均一元八角;

司署口、汉西门、仓巷口、三坊巷:均二元。

以上皆指旧式皮蓬车而言。近来,南洋劝业会场左近大马路新开马车行,多用橡皮轮轿式马车,自劝业会场至各处,价亦较昂。兹更列一表如左。

下关单送：二元；

下关来回：三元；

钓鱼巷：二元五角；

督署：三元；

上午十二点钟止：三元；

下午十二点钟止：四元；

晚上六点钟至十二点钟止：五元；

全日午后六点钟止：六元以上均连酒钱在内。

人力车即俗呼东洋车自下关至各地价，略列如下。

三牌楼大马路：一角；

钟鼓楼、珍珠桥、丁家桥马路：均一角五分；

花牌楼、中正街：均二角；

三山街、司署口：均二角五分。

寻常雇车，每里约三四十文；阴雨及夜间，约加三分之一。乘车时，须留意车夫所着号衣之号数，以便失物后，可以查究。

脚踏车，惟花牌楼利昌一家，每点钟租洋二角，半日八角；上午十点钟至下午六点钟一元。损坏纲丝每条赔洋二角、踏脚每只二元、前叉三元、圈子二元。

宁省火车，每日往来二十二次。如与各车站相近之地附搭甚便，价目另有表附于后。

附述：南京驴马到处有之，价亦便宜。惟不善骑者，宁乘车辆为妥。

（八）场外船舶

大、小轮船，均停于下关惠民桥西北。长江轮船，另有表附于后。兹将小轮至笆斗山等处价，略列于左。

下水

笆斗山：三角；

大河口、泗源沟、十二圩：均四角；

瓜州：五角；

扬州：六角；

六合：三角；

上水

北河口：二角；

大胜关：三角；

江宁镇：四角；

石八河、乌江：五角；

和州：六角；

采石：七角；

西梁山、芜湖、太平：八角。

秦淮河之画舫，名目不一。有所谓七板洋派及大边杆、小边杆等，均泊于夫子庙沿河一带，随时可雇，价值无定。小边杆半日约洋二元，全日约洋三元；最大之大边杆，内外有五舱，陈设华丽，半日约洋六元，全日约十二元。舟中午、晚餐，以泊于柳春园酒馆前为最便。

（九）场外旅馆

南京旅馆甚多。旧者常有蚊虫、臭虫之患，劝业会场附近新开亦不少，较为清洁。略列如下。

在丁家桥会场正门会场路者：

钟山旅馆

利查西式旅馆

在三牌楼会场侧门劝业路者

五洲迎宾馆

凤台旅馆

白门旅馆

观会旅馆

南洋第一旅馆

绮鹤旅馆

协记华洋旅馆

临园旅馆

梯云居招待所

大旅馆，门临马路，有高敞走廊，房间略分四等：超等每日三元，头等每日二元五角或二元，二等每日一元五角，三等每日一元。此外，尚有下房八角、六角、四角不等，惟超等、头等房间可以加榻，每加一榻，另加洋六角。伙食每餐三角或二角，添菜在外。

不在会场附近各旅馆，更举其大者如下。

金陵大观楼　下关

江南第一楼　下关

宜宾楼　下关

涵万楼　下关

金陵旅馆　下关

同益公^①　下关

迎宾馆　下关

萧家客栈　下关

裕隆德商旅馆　下关

德商帝国旅馆　下关

英商旅馆　下关

万福楼　大行宫

大陆旅馆　大行宫

乐嘉宾馆　花牌楼

斌贤栈　土街口

中西旅馆　碑亭巷

新丰栈　碑亭巷

升昌旅馆　十庙口

博览宾馆　将军庙

名利栈　游府西街

近淮宾馆　贡院街

佛照楼　王府园

五云楼　中正街

集贤栈　状元境

宜宾楼　状元境

庆贤栈　状元境

武阳锡金招待所　十庙口

---

① 应为"同益公馆"。

大客栈普通价目,官房分四等:第一等每日二元,第二等一元二角,第三等一元,第四等八角。客房每日四角或二角不等,伙食在内。

(十)卫生各事

天气炎暑,整容洗浴及清洁衣服各事最关紧要。各大旅馆中,类皆有之。兹将价目,略列如左。

梳辫约四五十文。

薙头约七八十文。

洗浴洋盆约二角。

洗衣服每件五分,长衫加倍,系洗衣公司承办者。

以上皆指在旅馆中而言。如在外面,梳辫、薙头之价,均可略减。洗浴则盆汤有三等:洋式官盆三角,官盆一角或一百文,客盆六十文。洗衣则小褂、裤、袜每件十文或十五文,长衫二十文或三十文。

蚊帐、被褥,可以随时租用,约每件百文。

(十一)南京邮电局

邮政局 总局在城内中正街悦生公司西首,南路分局在城内南段三山街,北路分局在城内北段唱经楼,劝业会场内湖北馆之侧亦有分局,至繁盛街衢及会场前马路之各店铺及各大旅馆,酌设邮政厢,路旁亦酌设邮政铁匣,均可投寄信件。

邮政局办事时间:上午八点至十二点,下午一点至五点,晚上七点至九点。惟星期则上午八点至九点半,下午二点至三点半,晚上八点至九点半。余均停止办事。

已贴邮票之信件,虽遇邮政局停办事件之时,只须将信投入邮政箱内,当不遗失。另有邮局寄费表附于后。

电报局　总局在城南,分局在城北钟鼓楼,劝业会场内邮政①局之侧亦有分局,除此分局外,其他总、分局均不分昼夜,随时收发电报。另有价目表附于后。

电话局　俗称德律风,总局在城内驴子市东首,各衙署、局所、学堂、大旅馆,大抵均有电话;劝业会场内,有自动电话一所,可以任便取用。另有南京德律风号头居址一览表附于后。

（十二）南京名胜

钟鼓楼　一名碑楼。楼建山冈上,其下如城阇,省会南北之要冲也。楼上祀关壮缪,登高南望,城中全景在目。今则宁省汽车由下关入城,此处亦有上下之站。

大钟亭　在钟鼓楼之西,北极阁之东,本名卧钟厂。昔有大钟弃掷荒郊已数百年,相传为明太祖之景阳钟,许仙屏为江宁藩司时,建此亭以悬之。

北极阁　在钟鼓楼之东。山不甚高,有古庙大殿三间,供真武偶像,旁为陶真白②祠;后筑旷观亭,登高一览,江宁大势,全在目中矣。

鸡鸣寺　在北极阁之东,本名鸡鸣埭,后改为鸡鸣寺,中供观音偶像,故亦名观音楼。南皮张文襄总督两江时,建豁蒙楼于其右,亦甚轩爽,游人至此,可以煮茗休息。

---

① 原文作"致"。
② 应为"陶贞白",即陶弘景。

钦天山　在鸡鸣山西，山形如覆盎，故俗称鸡笼山。祥忠勇（厚）、祁文节（宿藻）、刘忠烈（同缨）[1]诸公祠在焉之，三公皆殉癸丑之难者。山上旧有涵虚阁，建于南唐时，俗称北极山，半有横秀阁，今俱毁。山多石骨，道光中陶文毅种松万株，弥满山下，今所存者，仅山南九眼井旁一株耳。其东即鸡鸣山，两山对峙。由山峡北行，有胥[2]家大塘等地，道光中郡人蔡太仆世松，筑晚香庄于此。

夫子庙　即上元、江宁两县之儒学。在江宁府东三里，门外牌坊林立，正中牌楼为"天下文枢"四大字，右有魁星楼，对面凿月牙池，与秦淮河相通。秦淮画舫，大半泊其下，游人至此，随时可以雇唤。

贡院　在夫子庙东首。院建于明初洪武间，至本朝迭次扩充，规模宏大。前有龙门，跨甬道而屹立者为明远楼，楼北为至公堂，堂后有飞虹桥，东西有屋，为内廉官所居，再后则为考试官所居。至公堂外一带小屋，即号舍也。科举既废，士大夫拟辟为市场，至今尚未实行。

秦淮河　城内之水，以此为纲，自通济门西上水门入，迳东水关、大中桥（古白下桥）西，至淮青桥，青溪入焉。南至利涉桥，西经贡院，前过文德桥（小乌衣巷在其南）、武定桥、长乐渡，渐转至镇淮桥，折而西北，过新桥、靖毅祠、上浮桥，又西下浮桥，达云闸，出西水关，经觅渡桥、石城桥、惠民桥、龙桥入于江。是河之一部，在南

---

① 刘同缨谥"武烈"，"忠烈"为刘坤一。
② 应为"西"。

京城内，河阔而水盛，惟左右居民倾注秽物，故水甚浑浊。两岸楼台倒影，树木扶疏，每值夏令，画舫往来，笙歌盈耳，其附近为钓鱼巷，妓寮在焉。

商园　在复成桥商务总局之右。门外一带，绿杨成荫，河水萦流；入内，则花木成丛，饶有雅景，其旁即商品陈列所，为屋二十间，陈设各省土产，以供实业家之研究。入内观览，每人一券，售铜元一枚。

朝天宫　明郊坛之遗址也。在汉西门冶山之阳，近与谢公墩对峙。本朝因其旧址，建筑庙宇，名曰朝天宫，后改建文庙，江宁府学宫附焉。近则达材学校亦附设于内。

明陵　明太祖高皇帝之陵也。在朝阳门外三里蒋山之麓，堑地名神烈山。周围有墙，约广五十方丈。陵前有碑，系为"治隆唐宋"四字，乃康熙年间所立者。更入，为瓮城一座，有阙三。由瓮城入，拾级而登，所望极远。瓮城外有御沟，甚深。御沟之外，则有五龙桥及品级石，此石系卿相以次春秋奠祭之所，其中廊、庑、楼、阁，倾圮无存。曾文正、左文襄总督两江时，曾略加修葺，然石人、石马残缺不全矣。自孝陵以至神烈山，如金门之战功碑，孝陵卫之墓志铭、下马牌，字迹虽已模糊，犹可辨识焉。

明故宫　一称皇城。在督署东二里许，明太祖洪武所建也。宫阙存者，有西华门、东华门，前有午门，后有后宰[①]门。午门外有五桥，名外五龙桥，左右有水环绕之；午门内亦有五

桥,名内五龙桥。过桥而北,即奉天殿遗址也。

血迹亭　在明故宫西华门三忠祠内。相传为燕王即位,方孝孺不肯草诏,在殿上大书"燕贼篡位"四字,旋摘牙喷血沁石中,至今犹见血迹。左文襄在两江时,搜得此石,置于三忠祠。

元武湖　一名后湖,在太平门外。宣统元年,端午桥督两江时,奏辟丰润门。门外筑一堤,直达湖上,有篮肩舆可雇,每次一角;如坐湖滨小艇,每次每人约三十文,大船往来约三角。自劝业会场至丰润门,人力车约四五十文。湖上有五洲,湖水环绕,曾文正建湖神庙,庙旁有楼三间,可览湖山全景;惟破旧殊甚,左文襄曾于蒋山下建长堤,直接湖神庙,始无须舟送矣。旧时于六七月间,荷花盛开,或红或白,荷叶则一碧无际,俯仰舟中,水光山色,无不入胜。今则荷花寥落,满湖尽为菱叶矣。近有人构造宏楼,名曰"湖滨览胜",竹篱旋绕,亭榭错落,颇饶胜景。楼旁有一陶公亭,为端午桥督两江时,同官建为纪念之所。亭中有端公油像一大幅,前面为月台,正对丰润门,全湖在目。

莫愁湖　在水西门外一里许,即明季中山王徐达之宅也。时有妓女卢莫愁,王甚宠爱之,因以其名名湖。今有楼三间,下悬莫愁小像,上悬徐达小像。昔明太祖曾与徐达围棋于此,故名"胜棋楼"。右有囿,中有池,四围有楼,其后为曾公阁,悬曾文正遗像。湖中盛植莲花,红白相间,夏秋来游,幽香可爱,东望石城翠微,北接沙扎圩,南枕赛公桥,西有江东门,田陇相续不绝,诚胜境也。

扫叶楼　在清凉山之右,昔隐士龚半千读书之处也。今则惟僧人居之，树木葱笼，楼台轮奂，偶像罗列，金碧辉煌。登高远眺，山峰高下雉堞万千，颇有风景之胜。

雨花台　在聚宝门外二里许。山高十数里，有第二泉，汲泉煮茗，味清而冽。有安隐寺，游人皆可暂息。他如卓公祠、方正学先生墓，均在其上。

刘园　一名又来园，系金陵刘姓所建，在聚宝门外约二里。园址不甚宽广，而亭台楼阁、竹石花木咸绕幽趣。所悬联额甚多，又有刘公墩，可以远眺。

愚园　俗称胡园，以其为金陵胡煦斋先生所建也，在城西鸣羊街。园内遍种花木，香气袭人。曲廊四通，有花厅，有水阁，有荷池，池中小艇，可容三四人，闲散其间，颇得佳趣。

清凉山　在水西门内，东北隅。上有楼台亭榭，与北极阁对峙，可以远望大江，风帆历历，景致甚佳。

栖霞山　在尧化门外、孤树村之南。山势崇笼，林木葱郁。惟距城较远，以乘沪宁铁路、汽车至尧化门下车，再骑驴马前往为便。

毗卢寺　在督署东约一里。入门，塑四大天王像；大殿中，塑佛三尊；左右分列四十八罗汉。后建万佛楼，楼之上下左右及椽柱、槦桷之上，无不有佛，此万佛之所以名也。

半山寺　为谢公墩旧址。宋时，在城东七里，距钟山亦七里，此为半道，故名"半山"。王安石舍宅以建之，赐额"报宁禅寺"，曰"半山寺"，从其实也。苏诗"朱门收画戟，绀宇出青莲"，即指此。明时，皆入禁中。庭有双桧，相传为荆公手植。山下有楼阁，面临荷池，风景清幽；山上有亭榭三四，皆端午桥督两江时所建。

妙相庵　在城北薛家巷。同治中建。道光中庵僧延师课徒,徒不受教,投水死,师援之,亦溺。僧悯之,改屈子祠以祀之。包世臣为作"天问堂"草书三字;汪正銮为分书集《楚辞》长联;汤贞愍董夫人为书《九歌》;祁文端、陶文毅诸公,皆有诗刊石衔壁。经乱独完,今为暨南学堂校舍。

幕府山　在太平门外。山有五峰,北曰夹萝,有五马渡、折苇渡、达摩洞;南曰北固峡,有天台、金鳌等十二洞;中峰有虎跑泉;东南峰曰武帐冈,其石中煅,民置窑其下,因称石灰山;又东曰白土山。

灵谷寺　在城东北、钟山东南独龙冈,距朝阳门十里。梁天监十三年,为志公建塔于钟山玩珠峰前,名开善精舍,称后开善寺。宋改名太平兴国寺,后名蒋山寺。明初敕改寺地于其东,赐额"灵谷寺",有明太祖《大灵谷寺记》,而旧寺基遂为孝陵。寺内有宝公塔,此塔明洪武二十年迁于鸡鸣寺,更有景阳钟(元时,铸在无量殿前)、八功碑、八功德水(宋僧昙隐以居,乏水,礼忏得此泉。明迁寺时池涸,从寺东马鞍山下通出,今寺后因火复竭,正统久旱,忽涌出如初,今复竭)、琵琶街(声浪回响,应声如奏弦)、梅花坞。后寺废,惟殿独存,国初僧羽南募化重修,种桃万树,今亦废。

(十三)南京名产

旅客到宁,如欲采购物产,以为归时分赠戚友之需,亦情所常有者。兹将南京物产,略列如下。

绸缎　南京绸缎,自昔著名,而缎子尤佳,花色质地,均甚美观。如欲广购,可向会场内金陵缎业别馆看样,并嘱其绍介,否则城内之名铺,如刘益兴炳记(在南门内高冈里)、德天兴星记(在中市大街)等,皆可采购也。

除绸缎以外,食品为多。兹略列数种,如左。

板鸭　每只约小洋四五角,夫子庙刘天兴佳。

香肚　每只约小洋一二角,彩霞街周益兴佳。

面筋　每斤约五六十文,三山街各店佳。

豆腐干　每扎约三四十文,同上。

大头菜　每斤约四五十文,各酱菜店均有。

百合　无定价。

(十四)入场券发卖规则

第一条　南洋劝业会发卖入场券六种,其种类及价目,列左。

一、普通入场券,定价小洋三角,现改售二角。

二、特别入场券,定价小洋一角五分,现改售一角。

三、童稚入场券,定价小洋一角五分,现改售一角。

四、工役入场券,定价铜元五枚。

五、长期入场券(一册三十张),定价大洋五元,现在并不发售。

六、回数入场券(五回),定价大洋一元,现在并不发售。

第二条　本会入场券发卖之方法,如左。

一、普通入场券,由本会事务所发交各处贩卖人、各地协赞会、物产会、铁路公司、轮船公司及受本会特许者,分别代售。

二、特别入场券,限于军人、学生之着制服者,购卖由本会事务所直接发售,其不在南京市内之军营、学堂,可由该长官或堂长用军营或学堂名义,寄费向本会事务所售取,但军人、学生入场时仍须着制服。

三、童稚入场券,限于十二岁以下之男女童稚,购卖由本会事务所直接发售。

四、工役入场券,限于工人、仆役购买,本会事务所于每月初一、十五两日午前六时至八时直接发售,平时如观会人带有随仆,每普通入场券一枚,该主人得代购此项入场券一枚同时使用,其各大工厂、商店工役平时欲购此券入场者,须持有该厂主或店主署名、盖印之函札或他项证据者,方得购买此项入场券。

五、长期入场券及回数入场券,由本会事务所直接发售。

第三条　凡贩卖本会普通入场券者,每贩卖人限百枚以上、二十万枚以下,但须照原价全数预缴七折押款,或以有价证券担保;其卖出之数目限每星期报告一次,每月结算一次。如未得卖出之券,限闭会前一月退还。贩卖人所得利益,如左。

一、贩卖普通入场券至百枚以上者,照原价九五折。

二、贩卖普通入场券至千枚以上者,照原价九折。

三、贩卖普通入场券至五千枚以上者,照原价八五折。

四、贩卖普通入场券至一万枚以上者,照原价八折。

五、贩卖普通入场券至五万枚以上者,照原价七五折。

六、贩卖普通入场券十万枚以上者,照原价七折。

第四条　凡各处协赞会、物产会,铁路、轮船公司及受本会特许者,如代售本会普通入场券,每次限领五百枚,照原价九五折扣算,其未得售出之券,限闭会前二十日退还本会。

第五条　本会入场券直接发卖处,其地点列左。

一、丁家桥会场正门首。

二、三牌楼劝业路会场西侧门首。

三、丰润路会场东侧门首。

第六条　凡有假造本会入场券者,本会呈请正会长,照假造钞币律严惩。

(十五)观会须知

本会自宣统二年四月二十八日开会,至十月二十八日闭会(现有展期两月消息)。

各馆每日午前八时开馆,午后六时闭馆,如遇有事故临时由事务所公示停止入场。

观会者,正门由丁家桥进;西侧门由三牌楼劝业路;东侧门由丰润路各门。每日午前八时开门,午后六时闭门;如开夜会,则午后十一时闭门。

观会人每人须带入场券一张,如续观夜会,须加购夜会入场券一张。夜会入场券收小洋一角,如日中入场未购夜会入场券者,至午后五时以前,须向场内事务所指定之处所补买。

观会人入场时,须将入场券交卫士查验铗印,出场仍将原券交卫士收讫。如日间出场时无入场券者,须补购普通入场券,夜间则须补购普通入场券及夜会入场券。

除各馆外,有愿入各营业游戏等处者,须照该处定价纳资。

不准携带各种物件及牵各种兽类入场,惟杖、伞及提包、食橐宽、长、厚限在一尺以内,许其带入。

观会人如携有零星物件,可寄存场外寄物处,每件收铜元二杖。

疯狂醉汉及有碍秩序风俗者,一概不许入场,并得令其随时退出。

观会人如遇有急病及跌伤等事,可入场内临时医院医治。

观会人如不入茶楼、酒肆休息者,得坐场内公共椅及公共休息所憩息,不取分文。

各馆内及附近等处,不准吃烟,并不得随意涕唾。

墙壁、屋、树木及各项动物,不许损害墨污,并禁止抛掷食物、瓦砾。

观会人非得事务员允许,不许动手或移动陈列物品。

各馆及各省别馆陈列物品,除非卖品外均可定购,惟在开会期内不得事务所许可,即买定亦不许搬出会场。

在馆内购有物品持出会场者,至买约所取得搬出证,如在劝工场及各商店购买者,须在劝工场经理处及各店经理处取得搬出证。

持出之物,须受卫士及巡警查验,不得抗拒,惟杖、伞、提包、食橐不在此限。

如在场内有遗失物品等事,可速告场内警察及卫士。

场内设有男、女厕所，不准任意便溺，如有男人擅入女厕者，罚洋一元。

各馆陈列物品，非得事务所及出品人许可，不得摹画或摄影。

观会人须遵场内一切规则，如有违犯，得令退场并得临时处分之。

观会人如欲详询本会事实及有他种事故须访询者，可至场外问事处询问。

（十六）会场内管理规则
第一章　通则

第一条　此项规则，凡会场以内皆得适用。

但会场附近及受本会事务所许可之营造等事，亦准用此项规则。

第二条　会场各门及各馆之开闭，以喇叭为号，其时刻列左。

午前七时，各馆开门。

午前八时，各门开门。

午后五时，各馆闭门。

午后六时，各门闭门。

但如开夜会，其闭门时刻在午后十一时。

第三条　凡无左列各项资格者，不得出入会场。

一、有入场券者。

二、有优待券者。

三、有本会徽章及门证者。

四、有照相券者。

五、本会场内着制服之宪兵、巡警及消防队之持有门证者。

六、宪兵、巡警、军队、公园职员之持有本会门证者。

七、邮电夫役着有制服,限于本会事务有关系者。

八、除前列七项外,经本会事务所特别许可者。

第四条　凡在本会租地及用人工役等,限由将军庙侧门出入。

但在观览时间内,不得本会事务所许可,不准货车出入。

第五条　凡物品未持有本会事务所搬出证者,不准搬出。

但伞、杖、提包、食囊不在此项。

第六条　各馆院及附近等处,严禁吸烟。

第七条　会场内,非得本会事务所特别许可者,不得集会,并不得歌舞、奏乐。

第八条　凡在会场内遗失物品,宜即告巡警及卫士,拾得物品亦宜立交巡警,不得藏匿。

第九条　凡有违犯本会规则者,得令出场,并传临时处分之。

第二章　观会人

第十条　凡观会人均由丁家桥正门、三牌楼劝业路西侧门、丰润路东侧门出入。

第十一条　凡观会人须按照本会各门开闭时刻出入。

第十二条　凡观会人入场时,须将入场券交卫士查验、铩印,出场时仍将原券交卫士收讫。

第十三条　墙屋、树木及各项动物不许损害,并禁止抛掷食物、瓦砾。

第十四条　观会人均宜遵守本会一切规则。

第三章　租地者

第十五条　凡在会场内建筑馆院,开设商店、饮食店、休憩所、游戏场及其他特别之设施者,于其设施范围内外,均宜随时洒扫,保持清洁。

第十六条　凡租地者,不得于所租地段外陈设物品、器具,如必要陈设者,须先受本会事务所许可,照纳租金。

第十七条　凡本会认为危险或有害卫生之物,得令搬出场外,并得令其为相当之防备。

第十八条　凡场内出卖物品及其他收取费资者,均须将定价表揭示,不准任意轩轾。

第十九条　凡出卖物品及纵人游览,均不得强扯或招唤观会人,违者酌罚。

第二十条　凡在设施范围内,均宜备置消防器具及痰盂、唾壶等件。

第二十一条　凡在场内租地及营业之各项馆院及商店等,限于本会闭门一点钟后停止营业。

第二十二条　场内除电灯、煤汽灯、提灯及受本会事务所许可之灯火外,不许点设他项灯火。

第二十三条　凡在场内租地及营业之各项馆院、商店等,限于本会闭门时刻,留一人或二三人看守,其余一律按时出场。

但留守之人须先受本会事务所许可备案。

第二十四条　凡在场内租地及营业之各项院馆、商店，本会有随时检察之权。

（十七）南洋劝业会事务所下关招待处简章

第一条　南洋劝业会事务所为接待各省、府、厅、州、县出品人员以及照料、搬运赛品，特设本处，以谋赴会人之便利。

第二条　本处假设招商局。

第三条　本处由外事科派科员一人、书记一人，驻处办事。并推举督委临时委员张君福桢，常川到处主持一切。

第四条　每日每班汽车、轮船到埠时，本处特派有黄色号衣（并"劝业会下关招待处听差"字样之肩章）干役，在车站及趸船码头伺候，遇有出品人员，即引至本处，以便照料一切（此项差役额定四名）。

第五条　出品人员运货至下关，如有遗失错误赛品等事，可随时函知本处，代为报告商埠巡警及督捕营并河快等实力查究。

第六条　凡关于出品人员在下关有特别事件，可由出品人员亲至本处磋商或代为通知事务所办理。

第七条　本处驻扎下关，每日有无出品来宁并有无招待各事，按日录报事务所一次。

第八条　事务所指定之搬运所，本处有直接节制之权，如运送赛品有延搁错误或夫役搬运疏①忽等情，各出品人员可随时告知本处分别处置。

---

① 应为"疏"。

第九条　凡下关各报关行运赛品者,本处有直接纠察之权,如转运不妥之处,本处得随时纠正。

第十条　事务所指定之搬运所仅有一处,不敷转运,如有愿担搬运事业者,本处有核夺指定之权,可由经理人随时至本处接洽一切。

（十八）沪宁铁路拟订赛会品物暨出品观会人车运减价章程

一、凡赴劝业会品物,持有准免厘金关税三联单者,一经将免单呈验本路,运价亦当核减,以示优异。

二、此项运价当照运往赛会之品物,每车价目收取金价,一俟赛会事竣货未出售运回时,不再收取运价。

三、此项品物不得有危险或违禁之品搀杂其中,凡装箱物件箱内如有损坏,本路概不担责,亦不任赔。

四、凡赴劝业会来回搭客,本路当按照现定车价减收七成,以二成由本路拨助劝业会经费,此项来回票,准以十五日为限,逾期作废。

五、出品人持有劝业会特别优待券者,本路当按照寻常车价减收五成,无须提助会费。

六、搭客先须购有劝业会入场券者,方可持券购买十五日来回减价车票,否则概不承认。

七、凡赴劝业会搭客之车,如能设法通行,本路自当将车直达南京城内,俾可与会场相接。

八、本路或特开专车及夜车,以便劝业会搭客。

九、凡有劝业会告白欲在车上或在车站各处黏贴者,请预先知照事务总管,本路概不收费。

（十九）南洋劝业会临时病院简章

一、**缘起**：本病院为南洋劝业协赞会卫生协会所组织，受南洋劝业会之嘱托设于卫生馆内，执行会场内之医疗及关于卫生各种事宜。

二、**名称**：本院设于劝业会会场内，定名为"南洋劝业会临时病院"。

三、**宗旨**：本院虽以诊疗疾病、救护伤患为专务，然关于会场内会品之检查、疫病之防御等，亦得临时通告劝业会事务所协议施行。

四、**期限**：以开会之日为始，闭会之日截止。

五、**经费**：先由督宪拨给洋一千元为基金，余由官绅及慈善家设法捐助。

六、**组织**：本病院由左列之职员组织之。

（甲）正、副院长各一员，总理全院医务及会场卫生事宜，每日至少以一人到院为限。

（乙）医官若干员，分任全院各科医疗事宜，每日至少以二人到院为限。

（丙）看护生五人，由江南军医学堂学生轮充（遇患者多时，酌增看护妇），分任看护、助诊兼司器械，以上由卫生协会推举。

（丁）司药员二员，专任调剂、发药等事。

（戊）庶务兼会计一员，司理出纳；照料杂事司书一员，担任缮写文件，以上由正、副院长选任。

（庚）赞助员无定额，协助正、副院长维持全院医务，由各官绅任之。

（辛）各职员均担任义务，不支薪水，唯平日到院夫马伙食，应由本院酌给津贴。

七、设备：本院设待诊室、诊断室、外科室、洗涤室、消毒室、看护室、药室、医员值宿室、仆役室各一所。病室一所，以容六人为度，如非在二十四时间以内能治愈之病患，当由本院行初步诊疗后，移送会场外各联约病院中，以便继续治疗。

八、器械药品：本院所用器械药品，先由军医局暂时借用，俟款项齐集，当即购办，以便归还。

九、诊规：凡在会场以内，无论中外、男妇、大小各色人等，遇有急症或损伤，均可即时来院挂号，挨次就诊，不取分文。

本院开诊、停诊时刻，与会场开门、闭门时刻章程同。

十、奖励：本院各职员既系担任义务，应受审查总长评定奖励。

十一、附则：本章程系专论病院大纲及入手办法，其他医务各规则，当另订详章，以资遵守。

（二十）临时病院办事规则

第一条　本院各项人员之职务如左。

（甲）正、副院长各一员，总理全院医务及会场卫生事宜，每日至少以一人到院为限。

（乙）中、西医官九员，轮次分任各科诊疗事宜，每日至少以二人到院为限。

（丙）看护生五人，由江南军医学堂学生轮充（遇患者多时，酌增看护妇），分任看护、助诊兼司器械。

（丁）司药员一员，专任调剂、发药等事。

（戊）庶务兼会计一员，司理出纳；照料杂事司书一员，担任缮写文件。

（己）杂役二人，司阍、挂号，兼事担架、奋扫。

第二条　本院院长及医官轮值方法，正、副院长各间日到院；中医官三员，每日一员；西医员六员，每日二员，各间二日到院。

第三条　凡轮值中医官，每日自下午二时起，至六时止，如有施送痧药等事，概归中医官主任。

第四条　凡轮值西医官，每日自上午八时起，至一时止，为上午班；自下午一时起，至六时止，为下午班，各推一人当值。如逢开夜会时，由本日下午值日医官，延长担任。

第五条　各轮值西医官，以上午自八时起，至十时止；下午自一时起，至三时止，为普通诊病时刻，余为专诊急症时刻。

第六条　本院虽为一般患者来诊救急之用，但因经费不足，不能多备药品，西药概由本院发给，中药则或由医官斟酌施送或开方，听病人自购。

第七条　本院所用药方笺，由本院酌定格式刊刻，应用以归划一；其西药方笺，应挨号一律保存，以备查考。

第八条　本院药方笺所开西药，用拉丁名，或英德名，或新译名，均听主任医官之便，惟服法限用汉文。

第九条　本院西药所用衡量专用密达式，但有时亦得兼用英美通用之药度量衡式。

第十条　本院司药一员，专任调剂发药等事，如遇忙时，得加派看护生一人为助。

第十一条　本院看护生每日以五人为度，由军医学生轮充，自上午八时起，至下午六时止，五人中特提值宿生一人，住院以备急需，以次晨轮值之看护生到院为交代时刻。

第十二条　医官、看护生等，除在轮值时刻到院外，如有特别重大手术，得临时通告，请其即刻来院帮助。

第十三条　本院医官、看护生等，全系担任义务，不支薪水。所有开支经费，不得不恃各慈善家之捐助，除由各医官自愿热心募捐外，所有分赴各界设法劝捐一事，公推陶宾南君担任。凡捐款收到后，一律交劝业会庶务科存储，以昭信用。

第十四条　本院庶务兼会计，专司出纳，兼理杂事，如需支用款项，由院长开单，交会计送外事科盖章后，向庶务科支取，以清界限。

第十五条　本院院长、医官、看护生等，拟定每月津贴之数如左。

（甲）正院长一员，五十元。

（乙）副院长一员，三十五元。

（丙）中西医官九员，每员二十五元。

（丁）司药员一员，二十元。

（戊）看护生五人，每人每日五角。

第十六条　本院司事员，拟定每月薪水如左。

（甲）庶务兼会计一员，二十元。

（乙）司书一员，十二元。

第十七条　本院夫役二人,拟定每人每月工食洋五元。

第十八条　本院医官火食,上午值班者,备午餐;下午值班者,备晚餐;司药员、看护生兼备两餐,余均自备。

第十九条　本院院长、医官出入会场,皆以摄影券为凭;看护生以特别入场券为凭;另各有特别佩章,以为场中办事之记认。

第二十条　本院院长、医官轮值时间,皆用粉牌揭示,以便周知。

第二十一条　各医官轮值时间以内,如有要事,应记录于诊断室日记簿,以便稽考。

第二十二条　本院各医官,每月开茶话会一次,以每月第一星期日下午三时为会期,如有特别事件,由三人以上发起后,通告院长招集开会。

第二十三条　各地医界名家有来宁观劝业会者,得由本院医官团体代任招待之责。

第二十四条　以上如有未尽事宜,以后得临时会议,酌为增删。

第二十五条　本章程以自五月初七日开诊为实行之期。

（二十一）临时病院游览规则

一、本病院假卫生馆左侧之半,为会场内诊疗办公之地,依本会场大门启闭时刻,一律开闭馆门。

二、本病院为执行医务之所,与他馆陈列出品者不同,除本院办公人员外,闲杂人等不能任意出入游览。

三、如有各地医界同志欲参观本病院者,得先以名刺由挂号处通知值日医官,酌量许可。

四、本病院所订院内规则,各项参观人员必须遵守。

五、本病院遇有重大手术或疫症传染时,无论何项人员,得临时一律谢绝参观。

南洋劝业会临时病院特白

（二十二）书画研究室简章

今天下人皆言商战矣，抑知欲商之发达，必先精其美术，例如工学、兵学、农学以及声、光、化、电等学，皆不离乎制器。而器之优劣，视其美术品之良否。商业发达者，其制器必精；制器精者，其美术之资格必富。故东、西洋救时热心之士，莫不殚思竭虑，剔髓搜精，而孜孜于美术。美术一道，其类有五：曰墨绘，曰刺绣，曰雕刻，曰工艺，曰铸塑。五门之中，无不以书画为嚆矢，凡精于书画者，其意境必高，而以之制物，自有精深远到之思。故泰西各艺，首重图画与书法；遇制新式物品，须先立图样、定标本，或意像，或滑稽，或写生，或用器，皆由腕下而传其阿堵，日新月异，不数十年，各艺遂蒸蒸直上。吾国非无聪颖翘异之子，而往往鄙书画为小技，故至今日，几有一落千丈之势。兹幸劝业会开幕，同人拟于美术馆后另辟书画研究室，容积三百十二方尺，设桌四张，为来宾赏奇析疑之所，或书或画，任择其便，海内博雅君子，倘亦欣然临从，其不遐弃乎！爰略具简章于左。

室内请本馆主任阙伊君为招待员，书画用器，一切具备。

来宾入会研究，如非学识夙优于书画确有夙悟者，本馆恕不招待。

诸大家如愿惠临本室时,请详开住址、姓名,交本馆主任员,录呈坐办,分别期请。

室内容积,无多定位,只限十二人,位满截止。

来宾无论毛笔、铅笔、油画、水彩,能精一技者,皆可入馆研究。

来宾具有华术各种精工技能者,本馆靡不欢迎,惟须先寄标本。

入会研究,凡有临时画成之件,不得携出场外,仍留室内,以作赏鉴家之标本。

来宾临池染翰,凡有逸品、神品之技能者,当即登报颂扬,且赠本会纪念品。

不拘何人,欲定购室内书画者,本馆代为致函传送。

(二十三)公园游览规则

公园为众人游息之地,凡有碍公益者,一切禁止。

禁止攀折花枝树木。

禁止酗[1]酒、斗殴。

凡除指定开设之茶寮、酒馆外,一切小贩营业不准入园。

禁止染疯疾、癫痫者入内。

禁止以伞柄、木杖等物刺入虎圈。

禁止掷物惊吓禽兽。

凡池中水产物,禁止垂钓及抛砖石。

园内备有男、女厕所,不准在厕外各处随便溲溺。

---

① 原文作“凶”。

墙壁、树木，禁止题字。

禁止携带牲畜入内。

圃外设有停车处，一切车马不准入园。

圃内坐椅及一切器物，禁止刻画毁伤。

花圃所有器具，位置不准移动。

附述

公园门首，有荷枪巡士站立，为守护之用，游人尽可随意出入，并无阻止之事。园内亦有巡士查察。至看鹤亭上，则巡士一人终日驻守，盖所以防止游人有掷物惊动鹤、鹭或垂钓池中鱼类故也。

公园前面，有空场一大方，即南京跑马场。其中部有一亭，近来各馆燃放烟火皆在其间，取其空旷也。

（二十四）南京省城德律风号头住址一览表

第号	行名	地址	第号	行名	地址
一	督署	督院大街	二	江宁电报局	郭家巷
三	军署	皇城	四	都统署	皇城
五	藩署	粮道西	六	提学使署	旧织造署
七	粮道	藩署东	八	巡道	奇望街
九	江宁府	府东街	一〇	上元县	昇平桥
一一	江宁县	三坊巷	一二	督中协署	碑亭巷
一三	城守协署	督署东街	一四	南捕厅	府署西
一五	北捕厅	碑亭巷	一六	西路消防	箅街
一七①			一八		

---

① 原书表格部分第号后内容空缺，下同。

90

第号	行名	地址	第号	行名	地址
一九	总汇姚提调公事房		二〇	下关一号分汇	商埠局内
二一	下关二号分汇	商埠局内	二二	陆军小学	小营
二三	基督医院	钟鼓楼坡	二四	礼和信义洋行	大行宫
二五	洋务总局	碑亭巷	二六	财政总局	中正街
二七	机器总局	南门外	二八	军械所	汉西门
二九	厘捐总局	大夫第	三〇	商务总局	复成桥
三一	清理财政局	水西门	三二	洋火药局	通济门外
三三	官报局	全福巷	三四	裕宁官银号	评事街
三五	邮政分局	昇平桥	三六	江楚编译书局	红纸廊
三七	陆军粮饷局	贡院街	三八	两江禁烟公所	奇望街
三九	江南自治总局	七家湾	四〇	公园办事处	文昌巷红花地
四一	调查局	全福巷	四二	程军门公馆	鼓楼北十庙口
四三	东路消防	丁公阁	四四	马路工程局	珠宝廊
四五			四六	印刷厂	水西门
四七	长江火药库	草场岗	四八		
四九	自治研究所	二道高井	五〇	江南巡警总局	珠宝廊
五一	东路一区	中正街火神庙	五二	东路五区	姚家巷
五三			五四	东路二区	红花地
五五	两江督练公所	督署后身	五六	南路三区	羊珠巷
五七	南路一区	党家巷	五八	南路四区	新路口
五九	南路二区	钓鱼台	六〇	南路五区	南门外
六一			六二	西路一区	七家湾
六三	西路四区	善司庙	六四	西路三区	双石鼓
六五	西路五区	水西门外	六六	北路三区	钟鼓楼下
六七	督署	督院大街	六八	北路二区	太平桥
六九	北路一区	大行宫	七〇	东路三区	龙王庙
七一	东路四区	府东大街	七二		

第号	行名	地址	第号	行名	地址
七三	西路二区	三道高井	七四	警卫队	督院东街
七五	陆军军医局	奇望街	七六	南路消防	承恩寺
七七	镇司令部	大影壁	七八	协司令部	大影壁
七九	北路消防	大行宫	八〇	陆军警察第二队	十庙口
八一	三十三标	三牌楼	八二	三十四标	花牌楼
八三	炮标	太平桥	八四	混成协	小营
八五	工程营	江东门上新河	八六	辎重营	江东门
八七	巡防营	汉西门外石城桥	八八	督院洋楼	署督
八九	电灯办事处	狮子楼	九〇	劝业会	公园
九一	督院文巡厅	督署	九二	要塞工程总局	马府街
九三	实业学堂	三牌楼	九四	两江师范学堂	北极阁下
九五	初级师范学堂	大兴桥	九六	下关三号分汇	商埠局内
九七	暨南学堂	钟鼓楼西妙相庵	九八	方言学堂	八府塘
九九	测绘学堂	游府西街	一〇〇	陆军警察署	四条巷
一〇一	蚕桑学堂	四条巷	一〇二	督标警察学堂	大影壁
一〇三	陆军讲武堂	小营	一〇四		
一〇五	高等学堂	门帘桥	一〇六	江宁府学堂	八府塘
一〇七			一〇八	江南上江公学	中正街
一〇九	两江法政学堂	红纸廊	一一〇	英领事府	五陵里
一一一	美领事府	三牌楼	一一二	德领事府	三牌楼
一一三	日本领事府	中正街	一一四	下关四号分汇	商埠局内
一一五	中西医院	毗卢寺旁	一一六	早川医院	花牌楼
一一七			一一八	梅公馆	大中桥
一一九	张公馆	花牌楼	一二〇	张公馆	易驾桥
一二一	缪公馆	颜料坊	一二二	王公馆	二郎庙
一二三	许公馆	一枝园	一二四	厉公馆	跑马巷
一二五	李公馆	八条巷	一二六	左公馆	铁汤池

第号	行名	地址	第号	行名	地址
一二七			一二八	舒公馆	八府塘
一二九	李公馆	堂子巷	一三○	何公馆	户部街
一三一	电灯官厂	西①华门口	一三二	模范监狱	大石桥
一三三			一三四		
一三五	孙公馆	分府巷	一三六	袁公馆	三元巷
一三七	宗公馆	八府塘	一三八	赵公馆	游府街
一三九			一四○	倪公馆	门帘桥
一四一	张公馆	延龄巷	一四二	汪公馆	贡院东街
一四三	李公馆	羊皮巷	一四四		
一四五	许公馆	登隆巷	一四六	吴公馆	内桥西
一四七	春园盆堂	碑亭巷	一四八	魏联兴牛坊	七家湾
一四九	金陵春办馆	贡院街	一五○	下关五号分汇	商埠局内
一五一	中西旅馆	碑亭巷	一五二	九章恒	黑廊
一五三	庚大绸缎庄	黑廊	一五四	天祥绸缎庄	水西门
一五五	下关六号分汇	商埠局内	一五六	厚生裕钱庄	坊口大街
一五七	张乾泰五金号	南门外	一五八	大观楼旅馆	门帘桥
一五九			一六○	华严人寿公司	花牌楼
一六一	同盛源煤炭行	汉西门外	一六二	庚源钱庄	驴子市
一六三	宝善源钱庄	李府巷	一六四	裕源祥钱庄	坊口大街
一六五	海国春办馆	东关头	一六六	生昌钱庄	水西门大街
一六七	大德通汇票号	称它巷	一六八	永年人寿保险公司	贡院街
一六九	清江火药库	草场岗	一七○	丁公馆	四象桥
一七一	公园劝业会	新街口	一七二	朱公馆	奇望街
一七三	督院电报局	督署	一七四	警察第一分队	上新河

① 原文作"酉"。

第号	行名	地址	第号	行名	地址
一七五	火药库	刘家岗	一七六	震泰香烟栈	旱西门内
一七七	教育总会	夫子庙	一七八	贺公馆	中正街
一七九	李公馆	龙王庙	一八〇	悦宾楼	中正街
一八一	万福楼	大行宫	一八二	龙公馆	游府街
一八三	商务总会	复成桥	一八四	巡防第六营	钟鼓楼
一八五	徐公馆	户部街	一八六	法政讲习所	娃娃桥
一八七	徐公馆	芝麻营	一八八	启新书局	夫子庙
一八九	彩生西南货店	水西门	一九〇	杜公馆	骂驾桥
一九一	初等小学	下江考棚	一九二	庆福钱庄	承恩寺
一九三	监狱传习所	明瓦廊	一九四	中等商业学堂	复成桥
一九五			一九六		
一九七	藏书楼	龙蟠里	一九八	唐晋记	旱西门外
一九九	印刷发行所	花牌楼	二〇〇	浙江公学	四象桥浙江会馆
二〇一	陆军同袍社	珍珠桥	二〇二	千仓师范学堂	武庙湾
二〇三	陈公馆	北堂子巷	二〇四	沈公馆	如意桥
二〇五	豫丰眷坊	南门外二码头	二〇六	和保丰洋货店	花牌楼吉祥街
二〇七	巡警总局学堂	珠宝廊	二〇八	咨议局	八旗会馆
二〇九			二一①〇	庄严阁照相馆	淮清桥
二一一	辛源钱庄	奇望街	二一二	吴公馆	骂驾桥
二一三	丁公馆	铁汤池	二一四	仁源衣庄	李府巷
二一五	仁源衣庄分店	三山街	二一六	北路四区	神策门
二一七	探访营	大中桥	二一八	交通银行	中正街
二一九			二二〇	和大银行	评事街
二二一	审判研究所	张府园	二二二	金陵谷米局	旱西门牌楼街

---

① 原文作"十"。

第号	行名	地址	第号	行名	地址
二二三	陆军中学堂	三牌楼	二二四	日辉华呢批发所	花牌楼
二二五			二二六	傅公馆	珍珠桥下
二二七	吴公馆	考棚东街	二二八		
二二九			二三〇		
二三一			二三二		
二三三			二三四		
二三五			二三六		
二三七			二三八		
二三九			二四〇		
二四一			二四二		
二四三			二四四		
二四五			二四六		
二四七			二四八		
二四九			二五〇		
二五一			二五二		
二五三			二五四		
二五五			二五六		
二五七			二五八		
二五九			二六〇		
二六一			二六二		
二六三			二六四		
二六五			二六六		
二六七			二六八		
二六九			二七〇		
二七一			二七二		
二七三			二七四		

第号	行名	地址	第号	行名	地址
二七五			二七六		
二七七			二七八		
二七九			二八〇		
二八一			二八二		
二八三			二八四		
二八五			二八六		
二八七			二八八		
二八九			二九〇		
二九一			二九二		
二九三			二九四		
二九五			二九六		
二九七			二九八		
二九九			三〇〇		
三〇一	商埠局	下关	三〇二	洋务分局	下关
三〇三	海军学堂	威凤门内	三〇四	萍矿煤炭局	下关
三〇五	乙和祥盐栈	下关	三〇六	邮政总局	下关
三〇七	润昌办馆	下关	三〇八	商埠巡警局	下关
三〇九	火药库	华严岗	三一〇	金陵关	下关
三一一	税务司公馆	下关	三一二	马队第九标	威凤门内
三一三	德商裕隆洋行	下关	三一四	唐晋记五金号	下关
三一五	张亨泰五金号	下关	三一六	宁省铁路局	下关
三一七	日清轮船公司	下关	三一八	美孚洋行	下关
三一九	津浦铁路局	下关	三二〇	铁路厘捐总局	下关
三二一	掣验总局	下关	三二二	津浦购地局	下关
三二三	春生米行	下关	三二四	大观楼	下关江口
三二五	第一楼	下关江口	三二六	北路五区	威凤门内
三二七	新顺太五金号	余庆里	三二八	太古趸船	江口

续表

第号	行名	地址	第号	行名	地址
三二九			三三〇		
三三一	沪宁铁路火车站		三三二		
三三三	狮子山炮台	威凤门内	三三四	油糖认捐分所	龙江夜雨楼巷
三三①五	马标一营	下关老江口	三三六		
三三七			三三八		
三三九			三四〇		
三四一			三四二		
三四三			三四四		
三四五			三四六		
三四七			三四八		
三四九			三五〇		
三五一	钟山旅馆		三五二	北路四区	
三五三			三五四	电灯厂办事处	
三五五	劝业会事务所		三五六	钦差行辕	
三五七	湖北别馆		三五八	劝业会出品科	
三五九	临时巡警局		三六〇	工艺馆	
三六一	美术馆		三六二	农业馆	
三六三	教育馆		三六四	公议厅	
三六五	暨南馆		三六六	劝业银行	
三六七			三六八	凤台旅馆	
三六九	南洋第一旅馆		三七〇		
三七一			三七二		
三七三			三七四		
三七五			三七六		
三七七			三七八		

---

① 原文作"二"。

第号	行名	地址	第号	行名	地址
三七九			三八〇		
三八一			三八二		
三八三			三八四		
三八五			三八六		
三八七			三八八		
三八九			三九〇		
三九一			三九二		
三九三			三九四		
三九五			三九六		
三九七			三九八		
三九九			四〇〇		

（二十五）南京官署局所一览表

督署　大行宫北

藩署　三山街

提学使署　淮清桥

盐道署　奇望街

粮道署　司署口

江宁府　府东街

上元县　中正街

江宁县　三坊巷

将军署　洪武街东

都统署　明故宫

督中协　碑亭巷口

城守协　四条巷口

咨议局　八旗会馆

巡警总局　珠宝廊

洋务局　土街口

自治局　七家湾

商务局　复成桥

美国领事馆　三牌楼南

德国领事馆　三牌楼南

英国领事馆　水师学堂西首威凤门内

日本领事馆　中正街

金陵关税务司公馆　海军学堂对门

（二十六）南京兵营驻所一览表

督练公所　督署后

镇司令部　大影壁

协司令部　大影壁

混成协　小营

三十三标　三牌楼

三十四标　九连河

炮标　太平桥

辎重营　江东门上新河

巡防营　江东门

马队第九标　威凤门内

马标一营　下关老江口

（二十七）南京学堂一览表

南京学堂林立。兹将中学以上各学堂调查列表如左，其小学为数较多,不复备载。

官立学堂

两江法政学堂　红纸廊

两江师范学堂　大石桥

宁属初级师范学堂　大石桥

江南高等学堂　门帘桥

江南高等商业学堂　复成桥

江南中等商业学堂　复成桥

江南实业学堂　三牌楼

南洋方言学堂　八府塘

蚕桑学堂　四条巷

江宁府中学堂　八府塘

暨南学堂　鼓楼

江南上江公学　中正街

江宁府属公学　夫子庙

崇文学堂　绒庄

八旗开通中学　明故宫

钟英中学　中正街

达材养正学堂　朝天宫

浙江旅宁公学　四象桥

湖南旅宁公学　大行宫

旌德旅宁公学　徐家巷

海军学堂　威凤门内

讲武堂　昭忠祠

陆军中学　三牌楼

陆军卫生学堂　奇望街

陆军测绘学堂　游府西街

高等巡警学堂　羊市桥

江南监狱学堂　明瓦廊

江南女子公学　中正街

惠宁女学　二道高井

萃敏女学　古科巷

女子初级师范学堂　绫庄巷

毓秀第三女学　孙都堂巷

教会学堂

金陵大学　干河沿

金陵中学　钟鼓楼

圣道书院　守备衙门

圣经学堂　钟鼓楼

汇文女书院　干河沿

妇女道学馆　同上

基督女书院　钟鼓楼

培珍女书院　五台山

明德女书院　四根杆子

来复女书院　大石桥

（二十八）南京医院一览表

中西医院　官立,在西华门街毗卢寺附近。午前八时至十二时,诊男、女科。每下午有中、西医士值日,门诊概不取资,出诊五元,复诊五元,药资不取。病者留院,病房房金不取,饭金每日每位一角起码。

金陵医院 教会设立,在汉西门黄泥巷。午前十时至十二时,诊男、女科,如有急症,随到随诊。号金一角,诊三次;午后门诊资一元,诊三次;出诊资七元;复诊资七元;药资不取。晚间急症,来院一元,出诊七元。病者留院,头等病房房金每月二元,单房每月五元,饭金每日一角起码。

基督医院 教会设立,院所有二,一在钟鼓楼大街,一在城南花市大街基督堂。星期二、四、六午前十时至十二时,在鼓楼大街院所候诊;星期一、三、五在城南院所候诊。号金七十文,诊一月,出诊资五元,车费在外,复诊资五元,药资不取。晚间急症出诊十元,车费在外。病者留院,头等病房房金每月五元,二等二元,三等不取,饭金在房金之内。

贵格医院 教会设立,在螺蛳转湾。专诊女科及小儿科。每早十时至十二时门诊,赤贫送诊,贫寒每次三十文,中等一角,复诊同上。出诊资,赤贫不取,中等五元,富者酌增,复诊同上。药资临时酌定,晚间出门视日间加倍。病者留院,单房每星期洋二元;居统房者,贫者不取,殷实酌加。

华美药局 王筱山医士所开,在南门大街。门诊一角,出诊二元。

太田医院 日本粟林玉成所开,院所在火瓦巷。

早川医院 日本早川所开,院所在花牌楼。

（二十九）上海、汉口间船价表

（一）三公司价目：房舱加半官舱加倍，天星桥与江阴同价

	上海	通州	张黄港	江阴	泰兴	镇江	仪征	南京	芜湖	大通	安庆	湖口	九江	武穴	黄石港	黄州
通州	O·五O															
张黄港	O·六五	O·二O														
江阴	O·八O	O·三O	O·二O													
泰兴	O·八O	O·三O	O·三O	O·三O												
镇江	一·二O	O·九O	O·七五	O·七O	O·六O											
仪征	一·四O	一·一O	O·九五	O·九O	O·八O	O·三O										
南京	一·八O	一·五O	一·三五	一·三O	一·二O	O·四O	O·三O									
芜湖	二·七O	二·四O	二·三O	二·一O	二·一O	一·四O	一·二O	O·六O								
大通	三·二O	二·九O	二·八O	二·六O	二·六O	一·九O	一·八O	一·一O	O·五O							
安庆	三·七五	三·四O	三·三O	三·一五	三·一五	二·四O	二·三O	一·六O	O·九五	O·五五						
湖口	四·一O	三·七五	三·七O	三·六O	三·六O	二·九O	二·七O	二·OO	一·四O	一·一O	O·五O					
九江	四·六O	四·一O	四·OO	三·九O	四·OO	三·二O	三·OO	二·三O	一·七O	一·二O	O·七五	O·二O				
武穴	四·九O	四·六O	四·六O	四·五O	四·五O	三·六O	三·六O	二·七O	二·一O	一·七O	一·一O	O·六O	O·四O			
黄石港	五·三O	四·八O	四·八O	四·七O	四·七O	三·八O	三·八O	二·九O	二·三O	一·九O	一·三O	一·OO	O·九O	O·五O		
黄州	五·五O	五·二O	五·OO	四·九O	四·九O	四·OO	四·OO	三·一O	二·五O	二·一O	一·七O	一·三O	一·OO	O·七O	O·三O	
汉口	六·OO	五·五O	五·二O	五·二O	五·二O	四·三O	四·三O	三·四O	二·八O	二·四O	一·八O	一·七O	一·五O	一·二O	O·八O	O·四O

（二）头等舱

航路	一次	来回	航路	一次	来回
上海通州间	五两	八两	上海安庆间	二二两	三五两二钱
上海江阴间	七两	一一两二钱	上海九江间	二五两	四〇两
上海镇江间	一〇两	一六两	上海武穴间	二六两	四一两六钱
上海南京间	一五两	二四两	上海黄石港间	二七两	四三两二钱
上海芜湖间	一八两	二八两八钱	上海黄州间	二九两	四六两四钱
上海大通间	二〇两	三二两	上海汉口间	三〇两	四八两

（三十）上海、汉口间路程说

上海至汉口,水程六百二里[①]。

上水须三日余。

第一晚,由上海开行。

第二日,午后六七时左右,抵镇江(约泊四五时间)。

第三日,午前四五时左右,抵南京(约泊一二时间),午后二三时左右,抵芜湖(约泊三四时间),夜九十时左右,抵大通。

第四日,午前六七时左右,抵安庆,十一二时左右,抵九江(约泊三四时间)。第五日,午前八九时左右,抵汉口。

下水须二日余。

第一晚,九时由汉口开行。

第二日,午前九十时左右,抵九江(约泊一二时间),午后四五时左右,抵安庆,夜八九时左右,抵大通。

第三日,六七时左右,抵芜湖(约泊二三时间),午后一二时左右,抵南京,五六时左右,抵镇江(约泊三四时间)。

第四日,午前八九时左右,抵上海。

各船速率不一,开驶亦有先后,大抵野鸡船略早,招商、怡和、太古船较迟,故到埠迟早亦不同,且有因阻风、阻雾迟延数日者,兹不过就其普通者言之耳。

长江各埠,除镇江、南京、芜湖、九江、汉口五处外,皆无趸船(即码头),旅客上下,须乘各船局之划子。

---

① 原文为“浬”,即“海里”。

　　各船局皆有灯棚,设于江岸,以便瞭望船只,见本局之船将至,日则悬旗,夜则悬灯为号。船到略停,俾旅客上下。

　　安庆非通商口岸,惟招商局有趸船。

（三十二）沪宁铁路各站价目表

站名	头等 （圆角分）	二等 （圆角分）	三等 （圆角分）	四等 （圆角分）
上海				
真茹	〇二〇	〇一〇	〇〇五	
南翔	〇六〇	〇三〇	〇一五	
黄渡	〇八〇	〇四〇	〇二〇	
安亭	一二〇	〇六〇	〇三〇	
陆家浜	一四〇	〇七〇	〇三五	
恒利				
昆山	一六〇	〇八〇	〇四〇	〇二〇
正仪	一八〇	〇九〇	〇四五	
唯亭	二二〇	一一〇	〇五五	
外跨塘	二四〇	一二〇	〇六〇	
官渎里	二六〇	一三〇	〇六五	
苏州	二六〇	一三〇	〇六五	〇三五
浒墅关	三〇〇	一五〇	〇七五	
望亭	三二〇	一六〇	〇八〇	
周泾巷	三四〇	一七〇	〇八五	
无锡旗站	三四〇	一七〇	〇八五	
无锡	三四〇	一七〇	〇八五	〇五〇
洛社	三六〇	一八〇	〇九〇	
横林	三八〇	一九〇	〇九五	

站名	头等 （圆角分）	二等 （圆角分）	三等 （圆角分）	四等 （圆角分）
戚墅堰	四〇〇	二〇〇	一〇〇	
常州	四二〇	二一〇	一〇五	〇六〇
陆家村	四四〇	二二〇	一一〇	
奔牛	四六〇	二三〇	一一五	
吕城	四八〇	二四〇	一二〇	
陵口	五〇〇	二五〇	一二五	
丹阳	五二〇	二六〇	一三〇	〇九〇
新丰	五六〇	二八〇	一四〇	〇九五
镇江旗站	六〇〇	三〇〇	一五〇	一〇〇
镇江	六〇〇	三〇〇	一五〇	一〇〇
高资	六二〇	三一〇	一五五	一〇〇
炭渚	六四〇	三二〇	一六〇	
下蜀	六六〇	三三〇	一六五	
龙潭	六八〇	三四〇	一七〇	
孤树村	七二〇	三六〇	一八〇	
尧化门	七六〇	三八〇	一九〇	
太平门	七八〇	三九〇	一九五	一五〇
南京	八〇〇	四〇〇	二〇〇	一五〇

价目附列

上海至嘉定，由南翔下车改坐小轮船

头等	八角
二等	五角
三等	角半

上海至青阳，由无锡下车改坐小轮船

二等	二元
三等	一元五分
四等	六角五分

上海至江阴，由无锡下车改坐小轮船

二等	二元一角
三等	一元一角五分
四等	七角

苏州至青阳，由无锡下车改坐小轮船

二等	七角
三等	四角
四等	三角

苏州至江阴，由无锡下车改坐小轮船

二等	八角
三等	五角
四等	三角五分

旗站价目

由无锡至无锡旗站

头等	二角
二等	一角
三等	五分

由镇江至镇江旗站

头等	二角
二等	一角
三等	五分

价目表

中正街

	下关	三牌楼	丁家桥	无量庵	督署	中正街	
						五〇	三
督署						一·〇〇	二等
						一·五〇	头
					五〇	一·〇〇	三
无量庵					一·〇〇	二·〇〇	二等
					一·五〇	三·〇〇	头
				五〇	八〇	一·五〇	三
丁家桥				一·〇〇	二·五〇	二·五〇	二等
				一·五〇	二·五〇	三·五〇	头
			五〇	五〇	一·〇〇	一·五〇	三
三牌楼			一·〇〇	一·〇〇	二·〇〇	二·五〇	二等
			一·五〇	一·五〇	三·〇〇	四·五〇	头
		五〇	一·〇〇	一·〇〇	一·五〇	二·〇〇	三
下关		一·〇〇	二·〇〇	二·〇〇	三·〇〇	四·〇〇	二等
		一·五〇	三·〇〇	三·〇〇	四·〇〇	六·〇〇	头
	二五〇	五〇	一·〇〇	一·〇〇	一·五〇	二·〇〇	三
下关江口	五〇	一·〇〇	二·〇〇	二·〇〇	三·〇〇	四·〇〇	二等
	一·〇〇	一·五〇	三·〇〇	三·〇〇	四·五〇	六·〇〇	头

旅客准带行李重量如左，逾量须另行纳费。

头等：二百斤；

二等：一百五十斤；

三等：一百斤。

凡例 ①

自宣统元年正月初一日起，按现行价目八折为十减二之比例，每张电报合成总数后，照扣八折，不必每字核算。电局账簿回条，均重算重写，以便稽核。譬如由安徽发浙江电报，十字应收费壹元六角，于总数行下书明应收壹元六角，八折实收一元二角八分，余仿此。所有华洋各商报及加急密码译费、对费等，凡在中国境内往来者，一律照减。

凡同府往来，每字收洋五分；

凡各省与北京往来，每字加收洋五分；

凡华文密码电报，加倍收费；

凡密码电报，人名、住址挂号照字收费；

凡半费之一等官报、新闻电报及外洋电报，不在减费之例；

凡密码加急之电，人名、住址一律照算。

---

① 即"（三十四）中国各省往来华文电报字价表"之凡例。

"南京稀见文献丛刊"
已出书目

1. 《六朝事迹编类·六朝通鉴博议》　　　　　　　　（宋）张敦颐;（宋）李焘

2. 《六朝故城图考》　　　　　　　　　　　　　　　　　（清）史学海

3. 《梁代陵墓考·六朝陵墓调查报告》

　　　　　　（清末民初）张璜;（民国）中央古物保管委员会编辑委员会

4. 《南唐二主词》　　　　　　　　　　　　　　　（南唐）李璟,李煜

5. 《钓矶立谈·江南别录·江表志》

　　　　　　　　　　　　（宋）佚名;（宋）陈彭年;（宋）郑文宝

6. 《南唐书（两种）》　　　　　　　　　　　　　（宋）马令;（宋）陆游

7. 《南唐二陵发掘报告》　　　　　　　　　　　　　　南京博物院

8–11. 《景定建康志》　　　　　　　　　　　　　　　　（宋）周应合

12. 《南京·南京》　　　　　　　　　　　　（明）解缙;（民国）李邵青

13. 《洪武京城图志·金陵古今图考》　　　　　（明）礼部;（明）陈沂

14. 《明太祖功臣图》　　　　　　　　　　　　　　　　（清）上官周

15. 《金陵百咏·金陵杂兴·金陵杂咏·金陵百咏(外一种)》

(宋)曾极;(宋)苏泂;(清)王友亮;(清)汤濂

16. 《献花岩志·牛首山志·栖霞小志·覆舟山小志》

(明)陈沂;(明)盛时泰;(明)盛时泰;(民国)汪闿

17. 《金陵世纪·金陵选胜·金陵览古》

(明)陈沂;(明)孙应岳;(清)余宾硕

18. 《后湖志》　　　　　　　　　　　　　　　　　(明)赵官等

19. 《金陵旧事·凤凰台记事》　　　　(明)焦竑;(明)马生龙

20. 《金陵琐事·续金陵琐事·二续金陵琐事》　　　　(明)周晖

21. 《客座赘语》　　　　　　　　　　　　　　　　(明)顾起元

22-24. 《金陵梵刹志》　　　　　　　　　　　　　　(明)葛寅亮

25. 《金陵玄观志》　　　　　　　　　　　　　　　(明)葛寅亮

26. 《留都见闻录·金陵待征录》　　　　　(明)吴应箕;(清)金鳌

27. 《板桥杂记·续板桥杂记·板桥杂记补》

(明末清初)余怀;(清)珠泉居士;(清末民初)金嗣芬

28. 《建康古今记》　　　　　　　　　　　　　　　(清)顾炎武

29. 《随园食单·白门食谱·冶城蔬谱·续冶城蔬谱》

(清)袁枚;(民国)张通之;(清末民初)龚乃保;(民国)王孝煃

30. 《钟山书院志》　　　　　　　　　　　　　　　(清)汤椿年

31. 《莫愁湖志》　　　　　　　　　　　　　　　　(清)马士图

32. 《金陵览胜诗考》　　　　　　　　　　　　　　(清)周宝偀

33. 《秣陵集》　　　　　　　　　　　　　　　　　(清)陈文述

34. 《摄山志》　　　　　　　　　　　　　　　　　(清)陈毅

35. 《抚夷日记》　　　　　　　　　　　　　　　　(清)张喜

36.《白下琐言》 (清)甘熙

37.《灵谷禅林志》 (清)甘熙、谢元福,(民国)佚名

38.《承恩寺缘起碑板录·律门祖庭汇志·扫叶楼集·金陵乌龙潭放生池古迹考》

(清)释鹰巢;(清末民初)释辅仁;(民国)潘宗鼎;(民国)检斋居士

39.《教谕公稀龄撮记·可园备忘录·凤叟八十年经历图记》

(清)陈元恒,(清末民初)陈作霖;(清末民初)陈作霖,

(民国)陈祖同、陈诒绂;(清末民国)陈作仪

40–42.《南京愚园文献十一种》 (清)胡恩燮,(民国)胡光国 等

《白下愚园集》 (清)胡恩燮等,(民国)胡光国

《白下愚园续集》 (清)张之洞等,(民国)胡光国

《白下愚园续集(补)》 (清)潘宗鼎等,(民国)胡光国

《愚园宴集诗》 (清)潘任等

《白下愚园题景七十咏》 (清)胡恩燮,(民国)胡光国

《愚园楹联》 (民国)胡光国

《白下愚园游记》 (民国)吴楚

《愚园题咏》 (民国)胡韵蘪

《愚园诗话》 (民国)胡光国

《愚园丛札》 佚名

《灌叟撮记》 (民国)胡光国

43.《江宁府七县地形考略·上元江宁乡土合志》 (清末民初)陈作霖

44–45.《金陵琐志九种》 (清末民初)陈作霖,(民国)陈诒绂

《运渎桥道小志》 (清末民初)陈作霖

《凤麓小志》 (清末民初)陈作霖

《东城志略》	(清末民初)陈作霖
《金陵物产风土志》	(清末民初)陈作霖
《南朝佛寺志》	(清末民初)孙文川,陈作霖
《炳烛里谈》	(清末民初)陈作霖
《钟南淮北区域志》	(民国)陈诒绂
《石城山志》	(民国)陈诒绂
《金陵园墅志》	(民国)陈诒绂
46—47.《秦淮广纪》	(清)缪荃孙
48.《盋山志》	(清)顾云
49.《金陵关十年报告》	(清末民国)金陵关税务司
50.《金陵杂志·金陵杂志续集》	(清末民初)徐寿卿
51.《南洋劝业会游记》	(民国)商务印书馆编译所
52.《新京备乘》	(民国)陈迺勋,杜福堃
53.《金陵岁时记·岁华忆语》	(民国)潘宗鼎;(民国)夏仁虎
54.《秦淮志》	(民国)夏仁虎
55.《雨花石子记》	(民国)王猩酋
56.《金陵胜迹志》	(民国)胡祥翰
57.《瞻园志》	(民国)胡祥翰
58.《陷京三月记》	(民国)蒋公穀
59.《总理陵园小志》	(民国)傅焕光
60.《金陵名胜写生集》	(民国)周玲荪
61.《丹凤街》	(民国)张恨水
62.《新都胜迹考》	(民国)周念行,徐芳田
63.《金陵大报恩寺塔志》	(民国)张惠衣

64. 《万石斋灵岩大理石谱》 （民国）张轮远

65. 《明孝陵志》 （民国）王焕镳

66. 《金陵明故宫图考·南京明故宫制度与建筑考》

（民国）葛定华；（民国）朱偰

67. 《冶城话旧·东山琐缀》 （民国）卢前

68. 《首都计划》 （民国）国都设计技术专员办事处

69. 《总理奉安实录》 （民国）总理奉安专刊编纂委员会

70-71. 《总理陵园管理委员会报告》 （民国）总理陵园管理委员会

72. 《首都丝织业调查记》 （民国）工商部技术厅

73. 《科学的南京》 （民国）中国科学社

74. 《新南京》 （民国）南京市市政府秘书处

75. 《中国经济志·南京市》 （民国）建设委员会经济调查所

76. 《京话》 （民国）姚颖

77. 《国立中央研究院概况（1928—1948）》 （民国）朱家骅

78. 《南京概况》 （民国）书报简讯社

79. 《渡江和解放南京》 张宪文等

80. 《南京民间药草》 周太炎,丁至遵

81. 《骆博凯家书》 〔德〕骆博凯

82. 《外人目睹中之日军暴行》 〔英〕田伯烈

83. 《南京》 〔德〕赫达·哈默尔, 阿尔弗雷德·霍夫曼